# 読みたくなる「地図」
## 国土編
◆ 日本の国土は どう変わったか

平岡昭利 編

# 編者・執筆者一覧

## 編　者

平 岡 昭 利　　下関市立大学名誉教授

## 執筆者（50 音順）

天 野 宏 司　　駿河台大学・現代文化学部
五 十 嵐　勉　　佐賀大学・全学教育機構
奥 平　理　　函館工業高等専門学校
北 村 修 二　　久留米大学・比較文化研究所
酒 井 多 加 志　　北海道教育大学・教育学部・釧路校
末 吉 健 治　　福島大学・経済経営学類
助 重 雄 久　　富山国際大学・現代社会学部
髙 木　亨　　熊本学園大学・社会福祉学部
田 林　明　　筑波大学名誉教授
千 葉 昭 彦　　東北学院大学・経済学部
友 澤 和 夫　　広島大学・文学研究科
中 條 曉 仁　　静岡大学・教育学部
中 西 僚 太 郎　　筑波大学・人文社会系
藤 永　豪　　西南学院大学・人間科学部
丸 山 浩 明　　立教大学・文学部
三 木 剛 志　　日本離島センター
三 木 理 史　　奈良大学・文学部
宮 内 久 光　　琉球大学・国際地域創造学部
元 木 理 寿　　常磐大学・総合政策学部
矢 野 正 浩　　志学館中・高等部
山 下 克 彦　　北海道教育大学名誉教授
山 下 清 海　　立正大学・地球環境科学部
山 田 浩 久　　山形大学・人文社会科学部
湯 澤 規 子　　筑波大学・生命環境系

# は じ め に

　地図は表象された空間の事実を縮尺し記号化したもので、実際の空間とは異なるものの、1枚の地図でトータルな空間の把握が可能になることから、その利用価値は高い。とくに国土基本図としての地形図は、1880年（明治13）の迅速図、それに続く仮製図や輯製図の作成以降、国の事業として今日まで継続して発行され、国土全域をカバーしている。

　かつて物理学者の寺田寅彦は、世の中で安いものを列挙すれば、その筆頭に挙げられるものの1つは、5万分の1地形図とし、「その1枚から、われわれが学び得らるる有用な知識は到底金銭に換算することができないほど貴重なものである」（『寺田寅彦随筆集』第5巻）と述べている。

　実際、その時代、時代で発行された地形図は、作成当時の世相を反映し、地域の姿や情報を伝えている。それゆえ古い地形図は、現在の風景の謎を解く鍵でもあり、風景の歴史を探る楽しみを与えてくれる。じっくり見れば見るほど味がある。

　この古い地形図と現在の地形図の「時の断面」を比較することにより、我々が住んでいる地域は、どのように変貌してきたのかを視覚的にとらえようとの主旨のもとに、2008年に『地図で読み解く　日本の地域変貌』、さらに2017年に、そのハンディタイプ版として『読みたくなる「地図」──日本の都市は　どう変わったか』のタイトルで、東日本編、西日本編の2冊を海青社から刊行した。これらの本は、見開きの左の頁に古い地形図、右の頁に現在の地形図を配置する比較の手法を取り入れたもので、そのことが読者に興味を持っていただいたのか、いずれも増刷に至った。

　今回、その姉妹編として広く国土の変貌を捉えるため、5万分の1地形図、20万分の1地勢図や輯製図などを用いた『読みたくなる「地図」国土編──日本の国土は　どう変わったか』を刊行することにした。古くから日本人は限られた国土のなかで原野を開拓し、海を干拓、埋め立てるなど生活空間を拡大するとともに、さまざまな産業を生み出してきた。だが、今日、日本は人口減少社会に突入し、生活空間も縮小へと向かうなか、本書は、これまでの国土政策を振り返る足がかりとなるよう、国土の変貌を「地図で読む」ことを意図した。本書を手がかりに読者が新旧の地図を比較することによって、いくらかでも地図に興味を覚えられれば、編者にとって望外の喜びである。

　2019 年 2 月 10 日

平 岡 昭 利

## ● 目　次 ── 読みたくなる「地図」国土編

はじめに......................................................................................................1

### 北海道

**1** 名寄・士別 ── 北限の米作地帯...................4

**2** 根釧台地 ── 先進酪農地域の成立..............6

**3** 標茶 ── 集治監の町と開発........................8

**4** 夕張 ── 旧産炭地のその後......................10

**5** 洞爺湖・有珠山 ── 火山とともに暮らす.12

**6** 江差 ── ニシン漁の盛衰と大神宮祭の街..14

**7** 天売島・焼尻島 ── ニシンの去った島々.16

### 東北・関東

**8** 八郎潟干拓地 ── 大潟村の誕生と変容.....18

**9** 飛島 ── 少子高齢化社会のフロンティア..22

**10** 猪苗代湖と安積疏水 ── 疏水と近代化...24

**11** 東京湾 ── 陸の拡大・海の縮小................26

**12** 霞ヶ浦・利根川下流 ── 水の地域の変貌.30

**13** 九十九里浜 ── 納屋集落とイワシ漁.......34

**14** 三宅島 ── 火山と共存する島...................36

### 中部・近畿

**15** 木曽川・長良川・揖斐川 ── 輪中と治水...38

**16** 牧ノ原 ── 日本一の茶産地.....................40

**17** 甲府盆地 ── 桑畑からぶどう畑へ.............42

**18** 野辺山高原 ── 高原野菜産地の形成........44

**19** 黒部川扇状地 ── 水が育む産業と生活.....46

**20** 砺波平野 ── 交通の発達と散村の変貌.....50

**21** 大阪湾 ──「天下の台所」の門前.............52

### 中国・四国

**22** 児島湾干拓地 ── 島から半島へ................56

**23** 水島 ── 工業化の舞台............................60

**24** 瀬戸大橋 ── 架橋と橋脚の島々...............62

**25** しまなみ海道 ── 尾道と今治を結ぶ........66

**26** 広島湾 ── 要塞化した海.........................68

**27** 防府 ── 歴史的都市と塩田の変貌.............70

### 九州・沖縄

**28** 筑後川 ── 水害に耐え、流域を支える......72

**29** 有明海 ── 日本最大の干潟と干拓............76

**30** 長崎空港 ── その土台となった島............78

**31** 桜島 ── 噴火で陸続きに.........................80

**32** 笠野原台地 ── シラス台地の開拓............84

**33** 与勝諸島 ── 橋で結ばれた4つの有人島...86

**34** 南大東島 ── 無人島の開拓史...................88


20万分の1輯製図・地勢図 地図記号.............90

5万分の1地形図 地図記号.................................92

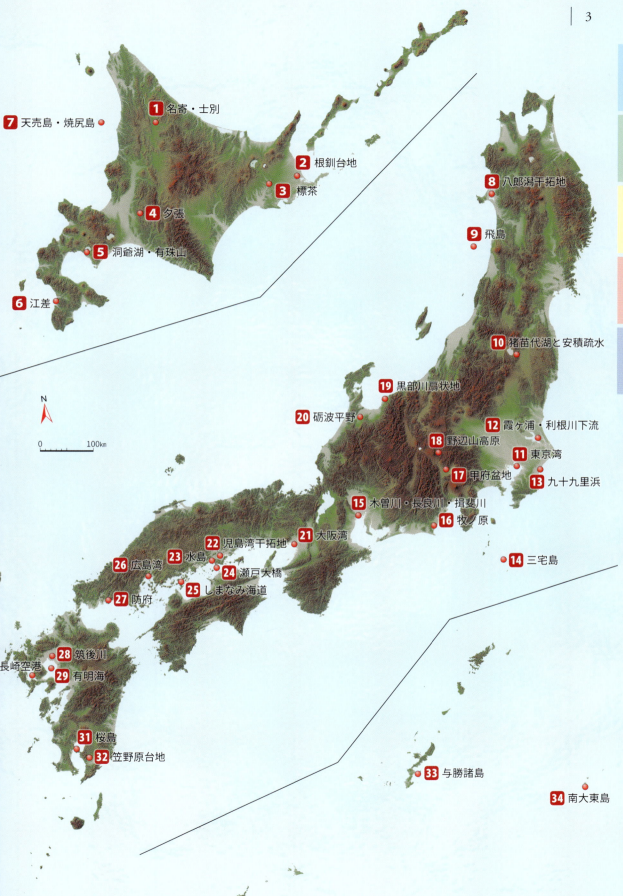

図1-1 2010年頃の北海道北部 （100万分の1日本「日本-Ⅰ」平22修、×0.95）

## 1. 名寄・士別 ── 北限の米作地帯

　北海道の中央部の北を南北に走る北見と天塩の両山地との間には中央低地帯とよばれる中小の盆地や平野が連なる凹地帯がある。この凹地帯の南には北海道を代表する農業地域である上川盆地や富良野盆地があり、北に位置する名寄盆地は稲作では中核地帯の上川盆地に対してむしろ限界地帯の性格をもっている。図中の名寄地区では水田が、その北では畑が卓越している。この盆地は広義には北の美深や南の剣淵の盆地を含めて名寄盆地とよばれることがある。名寄市は道北では旭川市に次ぐ中心地で、現存する宗谷本線（1903年開通）に加えて、かつては名寄本線（1989年廃止）と深名線（1995年廃止）の鉄道の結節点であった。天塩川流域に広く殖民地区画が設定される時期と前後して、1899年に南の士別に1兵村、剣淵には北と南の2兵村が設置された。これらの屯田兵村は道内では最も北に位置する最後の平民兵村であった。その後、山形県や富山県などから本格的な団体入植がなされ、このため名寄市街地周辺には砺波など出身地を示す地名が残っている。農業生産に先立って林業では銃床材や枕木のほか、ミズナラを原料にヨーロッパへの家具材を供給

1. 名寄・士別 | 5

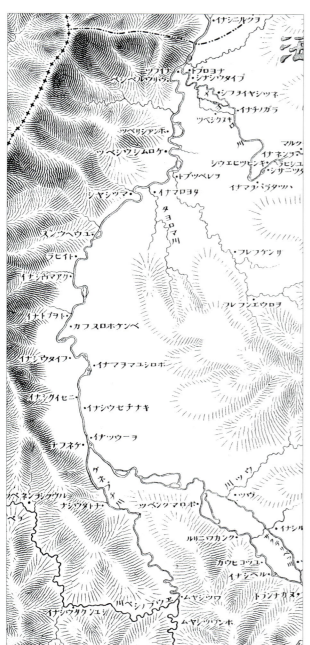

図1-2　1892年頃の名寄　（20万分の1輯製図「幌内」明25輯、原寸）

図1-3　2010年頃の名寄　（20万分の1地勢図「旭川」平22要修、原寸）

したインチ材のほか、マッチ軸木の工場も立地するが、原木の枯渇により短期間で消滅した。その後開拓の急速な展開は、輸出用作物の導入によってもたらされた。バレイショ澱粉をはじめ、インゲンやエンドウの豆類の作付けが増加した。これらは第1次世界大戦後の不況で停滞したが、昭和期にはハッカや除虫菊の栽培が拡大した。また軍需に支えられて、亜麻の栽培もなされ、製線工場は1968年まで存続した。これらの作物は主に盆地周辺の斜面や丘陵で栽培されたため、耕地の拡大に寄与した。

本格的な稲作は灌漑施設の完工で1910年頃から拡大するが、その後1930年前半の連続した冷害で水田の耕作放棄と畑地への還元が進められ、とりわけ名寄の北の美深ではこの現象が顕著であった。しかし戦後は他の作物よりも有利な稲作が復活するが、大きな転換が1970年からのいわゆる減反政策の導入である。これを機にもち米の生産団地化が名寄地区では進められ、風連町ももち米専作に切り替えられた。この地のもち米は硬化が遅く不利とされていたが、伊勢名物「赤福」の原料となったことから、名寄を含む上川地区が全道の作付け面積の6割余(2016)を占めるまでになり、もち米が地域活性化の核となった。　（山下克彦）

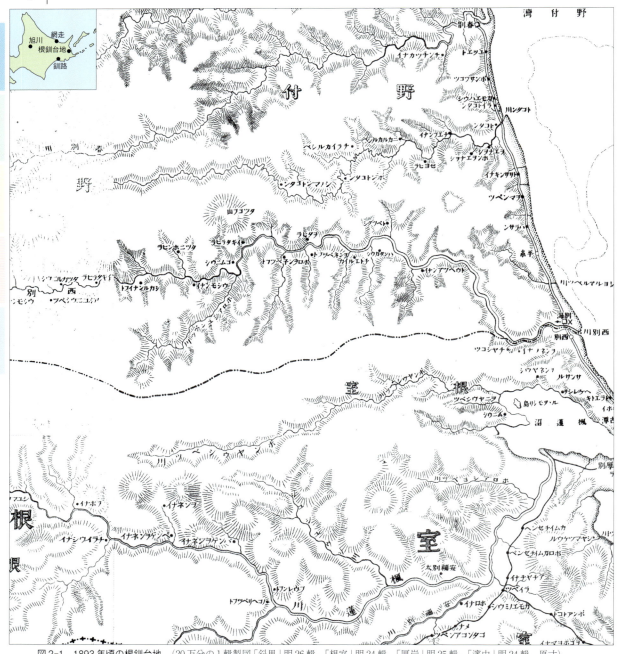

図 2-1　1893 年頃の根釧台地　（20 万分の 1 輯製図「斜里」明 26 輯、「根室」明 24 輯、「厚岸」明 25 輯、「濱中」明 24 輯、原寸）

## 2. 根釧台地──先進酪農地域の成立

　この台地は根釧平野ともよばれ、その範囲は根室地方全域と釧路地方の東部の丘陵や段丘及びその周辺の沖積低地を含む。台地は屈斜路湖などのカルデラを形成した火砕流堆積物に広く覆われ、台地を刻む中小河川下流部には泥炭地が分布している。また台地には北海道を代表する国有の防風林が広く分布し、とりわけ沿岸部には道内最大の防霧林もみられる。稲作、畑作、酪農の形態に明確な地域分化があるのが北海道の農業特色とされる。酪農はこの分布では最も外側にあり、

根釧台地は国内では酪農専業の先進地域である。乳用牛生産額では全国首位（2016）にある別海町がこの台地の大半を占め、その面積は大阪府の 70％強と広大である。土壌凍結や海霧による日照時間の不足などで、農業に不利な条件のため、西別川河口の本別海などを拠点にしたサケ漁業を中心に沿岸での入植が先行した。入植は 1900 年前後に沿岸の西別川流域をかわきりに次第に内陸部へ移行するが、入植者の本格的な増加は明治末年であり、その後 1923 年には関東大震災の罹災者も補助を受けて許可移民として入地した。更に奥地の泉川や西春別には戦後開拓の入植が引き続き行

## 2. 根釧台地

**図2-2　2011年頃の根釧台地**　（20万分の1地勢図「斜里」平18編、「標津」平23修、「釧路」平18編、「根室」平18編、原寸）

なわれた。広い台地への入植を可能としたのが道路に代わる殖民軌道とよばれた施設である。1925年に敷設された厚床―中標津間は道内最初のもので、その後この線より分岐した幾つかの軌道が内陸へ拡大した。

かつて自然的・社会的限界地帯とされていた地域で、戦後に草地に依存する新たな酪農経営が成立したのは、わが国のモデルケースを企図した国の2つの計画の影響が大きい。その1つは1955年に世界銀行の融資で全体で1万ha以上の機械開墾をめざした「パイロット・ファーム」である。この計画では春別川の流域に豊原、美原の2地区が設定されて360戸余が入植した

が、経営不振で離農が増加し計画は中断された。高い離農率を背景に牛の多頭化が著しく進展することになり、同時に離農跡地の集積は草地の分散化をもたらし、機械化をめざす経営の効率を著しく妨げることになった。このため1973年には集落移転や交換分合による農地の集団化をめざす「新酪農村」の建設が着手された。これによりスチールサイロをもつ近代的な畜舎のほか、集乳のために道路網の拡充や農業用水の整備もなされた。しかし、機械化に伴う負債の増加や、原料乳生産が中心のためチーズなど、低価格の海外乳製品との競合が大きな課題となっている。　　（山下克彦）

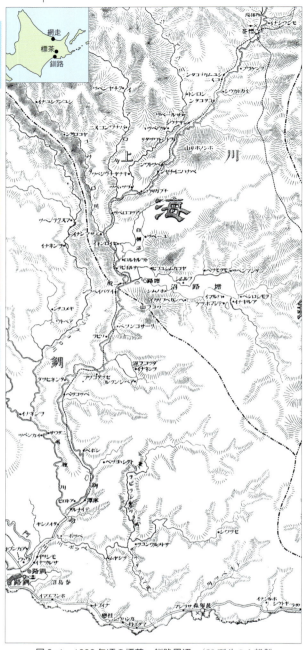

図3-1　1892年頃の標茶・釧路周辺　（20万分の1輯製図「厚岸」明25輯、原寸）

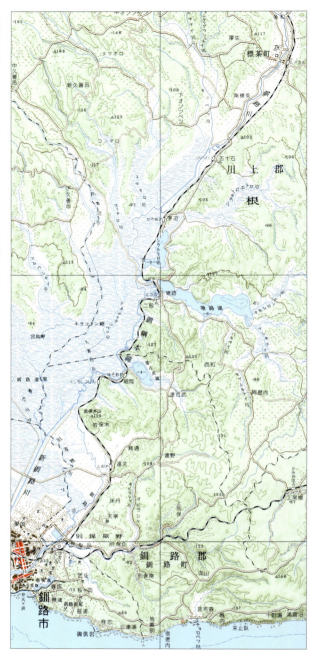

図3-2　2006年頃の標茶・釧路周辺　（20万分の1地勢図「釧路」平18編、原寸）

## 3. 標茶——集治監の町と開発

　明治初期の北海道の開拓は集治監（監獄）の設置、囚人を動員しての交通網の整備、屯田兵および民間人の入植の順で進められることがあった。北海道東部においては、1885年（明治18）に釧路川の中流に位置する標茶に釧路集治監が設立された。1894年（明治27）には囚人2,285人、集治監職員327人に達したが、これは当時の標茶の全人口（5,591人）の46.7％に当たる。集治監は釧路川の右岸に設置され（図3-4の⊗のところ）、集治監の南には碁盤目状の市街地が形成された。

市街地には店舗や民家の他、料亭や遊郭や劇場も建ち並び、釧路に匹敵する賑わいを見せていたという。このように標茶の市街地は集治監の門前町とでもいうべき性格を有していた。

　釧路集治監の囚人は内陸部の輸送路の建設と維持に貢献したが、代表的なものに標茶～厚岸、標茶～釧路、弟子屈～網走の道路建設、標茶～アトサヌプリの鉄道建設、標茶～釧路の釧路川の浚渫がある。このうち標茶～アトサヌプリの鉄道は安田鉄道と呼ばれ、安田財閥が屈斜路湖の東に位置する硫黄山で採掘した硫黄を標茶まで搬送するために建設した。囚人は硫黄採掘や

3. 標茶

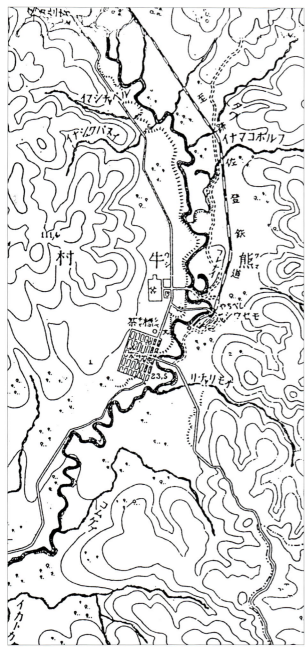

図3-3 1897年頃の標茶 （北海道仮製図5万分の1「標茶」「磯分内」明30製、原寸）

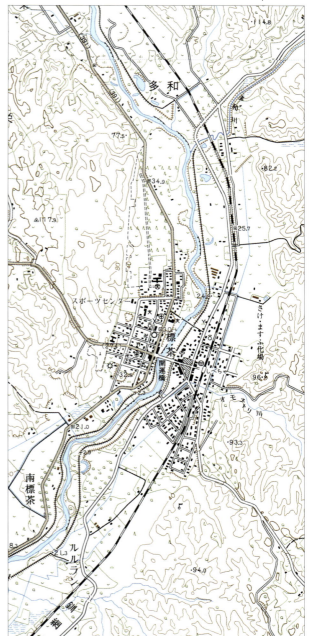

図3-4 1994年頃の標茶町 （5万分の1地形図「標茶」「磯分内」平6修、原寸）

標茶に設置された硫黄精錬所での作業にも外役として従事した。安田鉄道（図3-3の跡佐登鉄道）の標茶駅は釧路川左岸に設置され、図3-3の駅の南西に見える工場の記号が硫黄精錬所であった。ここで精錬された硫黄は釧路川水運によって釧路まで運ばれた。

安田による硫黄の採掘は1896年（明治29）に打ち切られ、硫黄精錬所と鉄道は廃止、釧路川水運も定期航行を休止した。さらに1901年（明治34）には釧路集治監が廃監となった。その結果、標茶の人口は急減した。それが1907年（明治40）に軍馬育成を目的とした軍馬補充部川上支部が集治監の跡地に設置され、1927年（昭和2）に釧網線が開通すると市街地は発展し、1929年には集治監時代の人口数まで回復した。

第2次世界大戦の敗戦により軍馬補充部は解散したが、その施設を利用して1946年に標茶農業学校（現標茶高校）が開校した。標茶高校は高校としては日本一敷地面積が広い。校内には釧路集治監時代の書庫があり、近代化産業遺産に認定されている。軍馬補充部の広大な放牧地は戦後開拓の用地となった。1956年に釧路内陸集約酪農地域に指定されてからは酪農業が盛んになった。現在、標茶町には約3.5万頭の乳牛が飼育され、北海道を代表する酪農地帯となっている。　（酒井多加志）

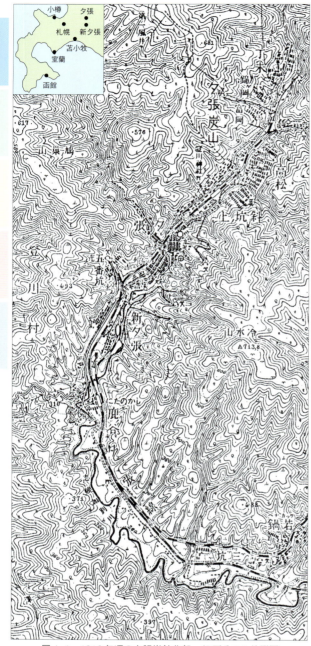

図4-1　1916年頃の夕張炭鉱北部　（5万分の1地形図「夕張炭山」大5測、原寸）

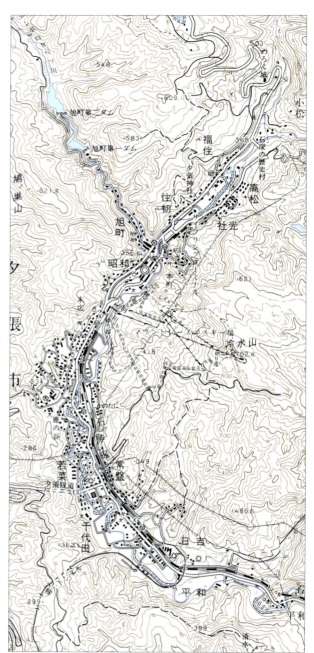

図4-2　1995年頃の夕張北部　（5万分の1地形図「夕張」平7修、「石狩鹿島」平5修、原寸）

## 4. 夕張──旧産炭地のその後

　北海道の中央部を南北に平行する山系のうち、南部で東の日高山脈に接するのが、褶曲や逆断層などの複雑な地質構造で知られる夕張山地である。埋蔵量と炭質ではかつての九州の筑豊地区をしのぐといわれた石狩炭田はこの山地にあり、この炭田は南北に大別され、南の中心が夕張炭田である。本州では炭鉱は平地にあって「炭田」といわれるが、北海道では夕張のように山間部の狭い河谷にあって、「炭山」とよばれる。夕張地区の開発は1890年に「北炭」とよばれた北海道炭鉱鉄道会社が優良鉱区を占有して行われ、1900年前後には道内の石炭生産の80％を占める同社の最大の生産拠点となった。1892年には北炭は本州向けの石炭輸送のために室蘭港に至る鉄道を敷設した。しかしこのうち夕張─新夕張間は2019年3月末に廃止となる。これに対し財閥系資本は、三菱鉱業が大夕張に進出したのが1916年と遅れた。夕張ではコークス用の原料炭に恵まれたため、南部地区を中心に新鉱開発が行われて大夕張地区への分岐点に当たる清水沢地区での市街地化が進められた。しかし、深部化で採炭条件が悪化して北炭新鉱などの大惨事(81年)が続発し、閉山が早められた。

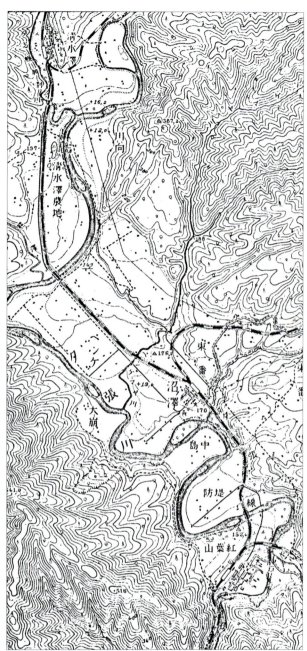

図4-3 1919年頃の夕張炭鉱南部 （5万分の1地形図「紅葉山」大8測、原寸）

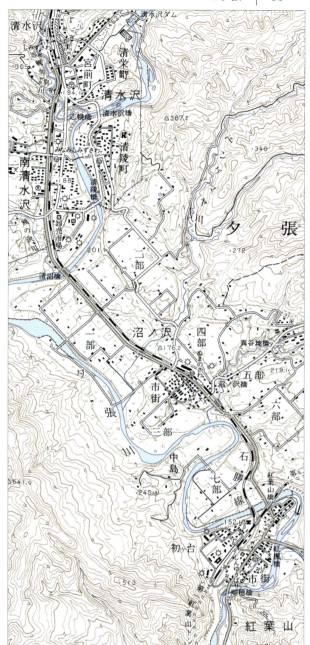

図4-4 2006年頃の夕張南部 （5万分の1地形図「紅葉山」平18要修、原寸）

その結果1989年には最後の三菱南大夕張鉱が閉山して全ての坑内掘りの炭鉱が消滅した。閉山後の地域振興として観光開発と企業誘致が重視され、前者の代表が閉山した炭鉱施設や跡地を活用した「石炭の歴史村」やスキー場などの開設であった。財政基盤が縮小したうえに、これらの事業の不振から多額の負債を生じて自治体財政が破綻をきたし、全国唯一の財政再生団体となり再建の途上にある。1960年前半には全国的には出炭量や炭鉱数は減少傾向にあったが、夕張ではむしろ人口のピークは1960年の10万7,962人で出炭量も最高の426万トンとなった。しかし2015年には91.8％も

の減少を示して8,843人となり、高齢化率も48.6％と道内では最も高くなっている。炭鉱は夕張川の支流シホロカベツ川の谷の上流から下流に向かって次々と開坑され、それに伴い炭鉱施設や炭住街からなる市街地も南部に拡大した。人口減少と高齢化の進展に対応して南清水沢地区を対象に住宅を集約したコンパクトシティ化が進められている。地域振興で特筆されるのが南部の沼ノ沢地区を中心とする全国ブランドのメロン栽培である。高級果菜としての地位は農協による徹底した栽培から出荷までの一元管理となっているが、近年は栽培戸数、面積は減少傾向となっている。　（山下克彦）

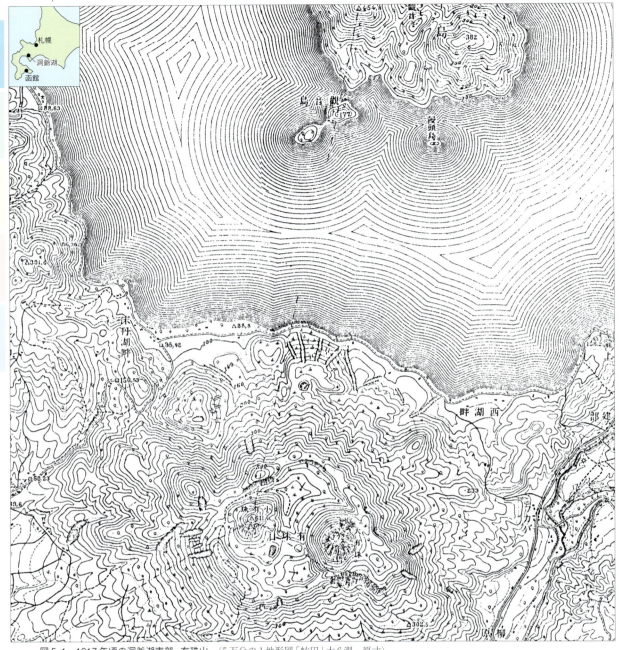

図5-1　1917年頃の洞爺湖南部・有珠山　（5万分の1地形図「虻田」大6測、原寸）

## 5. 洞爺湖・有珠山 ── 火山とともに暮らす

　洞爺湖は新生代第四紀初期からの火山活動によって形成された洞爺カルデラ内にできた湖で、湖の中央には溶岩円頂丘である大島を中心に大小四つの島が浮かんでいる。洞爺湖の南には日本を代表する活火山であり、アイヌの人々から「オフイヌプリ（燃える山）」と呼ばれていた有珠山がある。有珠山は洞爺カルデラの外輪山に位置する標高733mの二重式火山で、明治以降だけでも4回、大きな噴火を繰り返している。

　1910年（明治43）の噴火では、有珠山北側一帯に45個の火口を生み出すとともに現在の洞爺湖温泉街の東が隆起し、標高250mほどの小山を生んだ。この小山は形成された年から四十三山（明治新山）と名付けられた。この時の噴火が洞爺湖温泉の起源になっている。図5-2を見ると四十三山の南西に窪地の記号が4か所あるが、これらは火口跡である。そして、四十三山の西山麓に複数の温泉の記号が見られる。ここには13本の源泉があり、源泉から採取された温泉は一旦配湯所に集めた後、温泉街の各利用施設に供給されている。

　1943～1945年（昭和18～20）の噴火では、有珠山の東の麦畑が270m隆起し、溶岩ドーム状の火山である

5. 洞爺湖・有珠山

図5-2　2008年頃の洞爺湖温泉周辺　（5万分の1地形図「洞爺湖温泉」平20修、原寸）

昭和新山が誕生した。新山の隆起によってこの地にあったフカバと呼ばれる集落が消滅した。昭和新山は現在も赤茶色の山肌を見せ、白煙をあげている。

1977〜1978年（昭和52〜53）の噴火では、有珠山山頂付近で噴火が発生し、大量の火山灰と軽石を降下させるとともに、大有珠と小有珠の間にある窪地に標高669.2mの有珠新山を誕生させた（図5-2）。1978年には降雨により有珠山全域で泥流が発生し、死者2名、行方不明者1名を出した。

2000年（平成12）の噴火では、洞爺湖温泉街のすぐ背後と有珠山の北西2km付近の西山山麓斜面で噴火が始まり、金比羅山火口群（金比羅山の北西にある2つの池）と西山火口群（西山の北西の흐付近）を形成した。幸い洞爺湖温泉街の住民2,704人は噴火前に豊浦町や長万部町などに避難していたため、人的被害は見られなかったが、旧虻田町は、この噴火以降、建築物を禁止する区域を設定した。これにより、禁止区域内の建物の撤去ならび学校、病院等の温泉市街地外への移転が行われた。一方、ビジターセンターの南側に災害遺構施設を見学する「金比羅火口災害遺構散策路」を整備し、西山火口群とともに観光ならびに有珠山噴火を学習する場を提供している。

（酒井多加志）

図6-1　2010年頃の北海道南部　（100万分の1日本「日本-Ⅰ」平22修、原寸）

## 6. 江差──ニシン漁の盛衰と大神宮祭の街

　江差は北海道の南西部、渡島半島西部の日本海に面した町である。江差（えさし）の名称は、アイヌ語のエサウシイ（岬）か、エサシ（出崎や昆布）に由来するとされる。江戸時代には江差は産業、商業の町として繁栄をきわめ、北前船が伝えた上方文化が開花した。

　この地に繁栄をもたらした大きな要因の一つは「ニシン漁」である。ニシン漁獲量は、江戸時代後期の天保年間（1830-43）に年産平均で15万石（約2万7,060m³）から安政年間（1854-59）には同じく24万石（約4万3,300m³）に増加した。だが、ニシン漁場は、渡島半島南西部の檜山沿岸部が、1780年（安永9）頃から約20年間にわたり大不漁となった。ニシンは北へと移動した。江戸時代中期の安永―享和年間（1772-1803）には尾花岬以北、歌棄までの海岸へ出稼ぎする追いニシン漁がさかんになった。

　さらに、江戸時代後期の文化―慶応年間（1804-67）には、従来から使用されてきた刺網・引網のほかに、大網使用の解禁、建網の発明によって一層の活況を呈した。この時代、ニシンの大部分が魚かすの製造に向けられ、ごく一部が身がき・丸干し・ひらき端（胴）ニ

# 6. 江差

図6-2　1890年頃の江差　（20万分の1輯製図「室蘭」明25輯製、「函館」明23輯、原寸）

図6-3　2006年頃の江差　（20万分の1地勢図「室蘭」「函館」平18編、原寸）

シン・数の子などの食品に加工された。江戸時代の末期まではニシン漁はおおむね良好な漁獲高をあげており、この地域の繁栄はニシン漁の隆盛に支えられていた。

しかし、明治時代後半、1887年を境に檜山沿岸部でニシンが急激に捕れなくなり始め、特に1887-1907年にかけての20年間には漁獲高が340分の1にまで激減した。その後も年々漁獲高は減少し、1918年にはニシンは檜山沿岸部からほとんど姿を消した。このため、脱ニシン漁の動きが活発化し、大正時代以降は農林業の振興や育てる漁業への転換が進んだ。

明治時代に入ると、江差には檜山郡役所が置かれ、江差は檜山郡の中心となったが、追い打ちをかけるようにニシン漁の不振と北前船の廃止が江差を襲い、人口は減少の一途をたどった。

しかし、400年の歴史と文化は、この地に新たな輝きを与えた。戊辰戦争時に活躍し、江差沖に沈没した旧幕府軍軍艦「開陽丸」の復元や、ニシン漁や北前船の賑わいを今に伝える海産物問屋「横山家」建物、江差追分や京都祇園祭を手本に始まった姥神大神宮祭、中町・姥神町一帯「いにしえ街道」の整備事業など、見どころは多い。また最近は、いにしえ街道を歩く観光客の姿も多く見かけるようになった。　　（奥平　理）

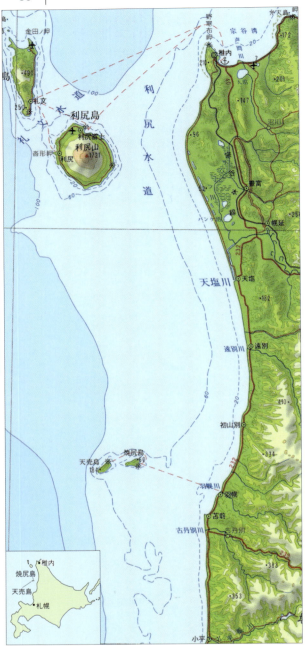

図7-1 2010年頃の北海道北西岸 （100万分の1日本「日本-Ⅰ」平22修、原寸）

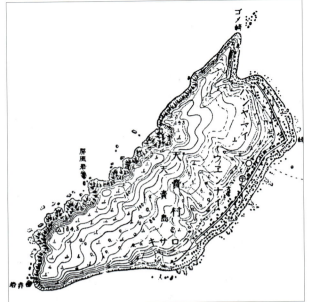

図7-2 1922年頃の天売島 （5万分の1地形図「焼尻島」大11測、原寸）

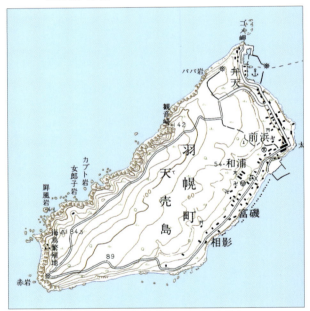

図7-3 2001年頃の天売島 （5万分の1地形図「焼尻島」平13修、原寸）

## 7. 天売島・焼尻島──ニシンの去った島々

北海道は、近世、蝦夷地と呼ばれる「アイヌモシリ」（アイヌの世界）であった。16世紀頃、南部の渡島半島に拠点を構えた和人は、近世後期より「ニシンの群来」（ニシンが海岸に押し寄せること）を追うように、西海岸を南から北へと移動した。これらの地域は、ニシン漁業に沸き、その盛衰に左右されたが、その中にアイヌ語で「テウレ」（天売）、「ヤンゲシリ」（焼尻）と呼ばれる小さな島々があり、「ヤンゲシリ」にはアイヌの「コタン」（集落）が形成されていた（図7-4）。

アイヌ交易の独占権を俸禄として家臣団に与えた松前藩の「場所請負制」は、近世末にはアイヌの減少や和人の進出によって崩れ、「二八取り漁民」（漁獲の2割を請負人に支払う）と称する秋田や津軽などからの出稼漁民が進出した。焼尻島では1856年（安政3）に、天売島では1860年（万延1）に、これらの「二八取り漁民」によって新たな漁場が開設された。

1869年（明治2）に蝦夷地が北海道と改められ、独占的な漁業制度が廃止されると、季節的な出稼漁民が競って進出した。その目的は春から夏にかけてのニシンであり、天売島や焼尻島の漁獲のほとんどを肥料

7. 天売島・焼尻島

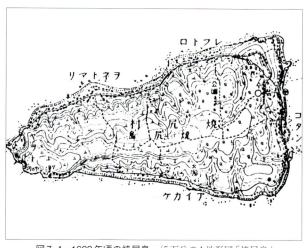

図7-4　1922年頃の焼尻島　（5万分の1地形図「焼尻島」大11測、原寸）

図7-5　2001年頃の焼尻島　（5万分の1地形図「焼尻島」平13修、原寸）

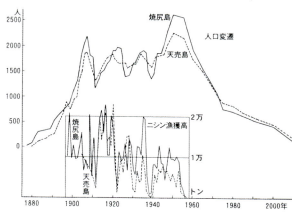

図7-6　人口変遷とニシンの漁獲高推移　（人口変遷は羽幌町役場資料、漁獲高は『羽幌町史』より作成）

用のニシンの〆粕に加工した。その後、漁業の主体は、出稼漁民から、越年し居住を伴う漁業移民となる。1888年（明治21）の移民数は、焼尻島が104戸374人、天売島は83戸266人であった。ニシン漁の拡大とともに、漁業移民が増加し、1902年（明治35）には、それぞれの島で1,400人に達した。これに対して「コタン」（集落）があった「ヤンゲシリ」（焼尻）のアイヌは、1870年（明治3）に10戸42人であったが、1897年（明治30）には4戸6人にまで減少し、その後、アイヌ社会の崩壊とともに「コタン」は消失した。

ニシン漁には、大規模な建網と小規模な刺網があったが、ニシンの豊漁が続くこれらの島では、建網経営に乗り出す者も多く、1906年（明治39）頃には、それぞれの島でおよそ50統（網）あった。同年のニシンの漁獲高は、焼尻島1万6,125kg、天売島が1万769kgでニシン景気に沸いた。焼尻島は秋田県から、天売島には秋田、青森、山形、富山県からの移民が多く、1907年（明治40）には焼尻島の人口は2,018人、天売島は1,876人で、それぞれの島の東海岸に集住した（図7-2、4）。このほか春になると「ニシンの群来」とともに東日本各地から来た「ヤン衆」と呼ぶ出稼漁民であふれた。

だが、豊漁が続いたニシン漁も、明治末には一転して不漁に襲われた。1911年（明治44）のニシンの漁獲量は、焼尻島で4,000kg、天売島で2,270kgと5年前の4分の1から5分の1近くにまで減少した。翌1912年（大正1）の焼尻島の人口は、1,178人と5年前に比べて半減し、天売島の人口も1,302人と3分の2となった。島の人口は、漁獲高のほとんどを占めるニシン漁の盛衰に左右されてきた。その後、1922年（大正11）～23年、1937年（昭和12年）～38年と続く凶漁の打撃は大きく、北海道外からの漁業者の撤退が相次ぎ、建網数は大きく減少した。

第2次世界大戦後もニシンの不漁が続き、漁獲量が激減し、1958年（昭和33）以降、ニシンは姿を消した。ニシンは北海道から北へと去り、これらの島の漁業は、壊滅的な打撃を受けた。莫大な資金を投下して「ニシンの群来」を待ち続けていた建網漁業者は、次々に没落した。これに対して小規模な経営の刺網漁業者は、当てにならないニシン漁業に見切りをつけ、いち早くアワビやウニ、カレイなどの沿岸漁業へと転換を図った。ハイリスク、ハイリターンのニシン漁業から、小規模なオールシーズン型の漁業への転換でもあった。

ニシンが去り、天売島、焼尻島の漁業が一変すると、今度は「経済の高度成長」の影響をもろに受け、人口流出が続き、1955年（昭和30）に、それぞれ2,000人を超えていた人口は、2018年には天売島303人、焼尻島201人にまで激減した。また、それぞれ200を超えていた漁業経営体は、天売島54、焼尻島28にまで減少し、2つの小さな島では、人口減少と高齢化が進む中で、安定した漁業経営への模索が続いている。

（平岡昭利）

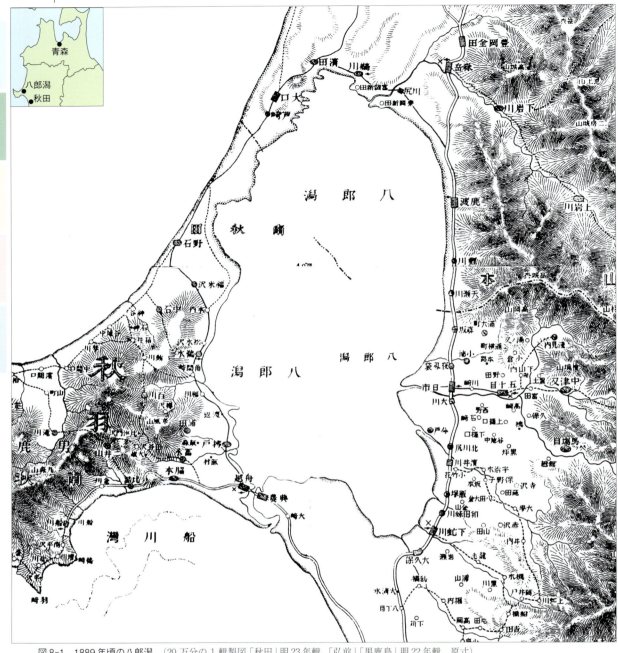

図8-1　1889年頃の八郎潟　（20万分の1輯製図「秋田」明23年輯、「弘前」「男鹿島」明22年輯、原寸）

## 8. 八郎潟干拓地——大潟村の誕生と変容

　大規模な干拓工事が行われる以前の八郎潟は、東西12km、南北27km、琵琶湖に次ぐ日本第2の面積（総面積2万2,024ha）をほこる湖であった。八郎潟は雄物川と米代川の流出土砂などで、男鹿の島が陸繋島になって形成された海跡湖であり、南部の船越付近で日本海に通じており、淡水と海水が混じり合う汽水湖（半かん湖）であった。

　八郎潟の水深は浅く、最も深い所でも4〜5mほどであり、しかも湖底は平坦であった。このため、八郎

潟は干拓しやすい条件を備えており、古くから幾度となく干拓が計画されてきた。しかし、大規模干拓が実行に移されたのは、食糧事情がひっ迫した第2次世界大戦後のことである。干拓地（ポルダー）が多く、干拓工事の先進技術を有していたオランダの技術協力を得て、1957年（昭和32）から国営事業として、わが国最大の農村計画である八郎潟の大規模干拓事業が始まった。

　1963年（昭和38）に中央干拓堤防が完成し、翌1964年、干拓前は湖底であった中央干拓地に地方自治体として「大潟村」が誕生した。1977年（昭和52）、総事業

8. 八郎潟干拓地 | 19

図8-2　2012年頃の八郎潟干拓地　（20万分の1地勢図「深浦」「男鹿」「秋田」平16修、「弘前」平24要修、原寸）

費852億円を投入した大規模な干拓工事は、20か年に及ぶ歳月をかけて完了した。もとの八郎潟の約4分の3が干拓され、残りの湖面が調整池（残存湖）や承水路として残された。日本海と八郎潟とを結んでいた船越水道には、大きな防潮水門がつくられた。これにより、日本海から調整池に海水が入り込むのが阻止され、調整池の水が淡水化され、これを農業用水として使用することが可能となり、大潟村も周辺の農村も水不足の心配から解放された。

　大潟村は全域が海抜ゼロメートル以下にある。大潟村を取り囲む堤防は、軟弱なヘドロの上に厚さ十数メートルの砂を置き、その上にさらに数メートルの盛り土をして造成されたものである。大潟村役場や住宅、公共施設などが集中している総合中心地（集落地）の海抜も−1mである。

　もともと大潟村がつくられた目的は、「干拓してできた大地に、日本農業のモデルとなるような生産性および所得水準の高い農業経営を確立して、豊かで住みよい近代的な農村社会をつくる」ことであった。この目的に賛同して、大潟村への入植希望者が全国各地から集まり、多数の応募者の中から入植者が選ばれた。

　1966年（昭和41）、最初の第1次入植者56名が選ば

図8-3　2008年頃の八郎潟干拓地南部　（5万分の1地形図「羽後浜田」平3修、「森岳」平4修、「船川」「五城目」平20修、×0.7）

れ、1年間の訓練を受けた後、翌年の11月に家族とともに入村した。そして1968年から、全く新しい広大な農地で、大型農業機械を使った近代的な農業に取り組むことになった。その後、第2次入植者86人、第3次入植者175人、第4次入植者143人が次々に入植した。

しかし、全国的に米の消費が伸び悩むなかで、1970年（昭和45）から米の生産調整（いわゆる減反政策）が始まった。これに伴い、大潟村への入植も一時中断され、1974年に第5次入植者120名が入植したのを最後に、国営事業での入植者は計580名で打ち切られた。入植者の55％は秋田県出身であるが、残りの入植者の出身地は、北は北海道から南は沖縄県まで、1都1道36県に及んだ。

干拓地である大潟村のヘドロは、深いところでは地下40m以上にも達し、大潟村の地盤は非常に軟弱であり、入植者の営農は当初の計画通りには進まなかった。大潟村で使用される農業機械は大型のため、水田の区画も、長辺140m、短辺90m、面積約1.25haという大きなものであった。

入植者は、はじめ1戸あたり10haの農地を配分された。その後、1970年から米の生産調整が始まり、この影響で入植計画も大幅に見直されることになり、1戸あたりの配分農地は15haに増えた。その代わり、米の作付けは8.6haまでに限定され、残りの6.4haは畑作を行うことが義務づけられた。すなわち、入植地では水田単作農業を行うという当初の計画は、日本の米の生産過剰を背景に、田畑複合経営方式に変更された。これに対して、入植者の中には、国の農業政策の大きな変更に反対して、全農地で稲作を実施する者もみられた。そして、大潟村の農民は、国の農業政策に従って転作を行う「転作順守派」と、国によって割り当てられた面積を超えて稲作を行う「自主作付け派」という2つのグループに分かれた。

しかし1990年（平成2）から、国は各入植農家に配分した15haを、すべて水田として扱うようになり、1995年から施行された新食糧法により、米を「作る自由、売る自由」が認められるようになった。これに伴い、無農薬栽培米や低農薬栽培米などのようにより付加価値の高い米の生産に努める農家が増えた。

大潟村の人口は3,110人（2015年国勢調査）で、農家1戸当たりの農地面積は約18haである。稲作中心の大規模経営であるが、大豆や小麦のほかカボチャ、メロンなども栽培され、ブランド化が図られている。また村内では、インターネットを利用して、大潟村産あきたこまちを全国各地の消費者へ直接販売を行う企業や農家もみられる。
（山下清海）

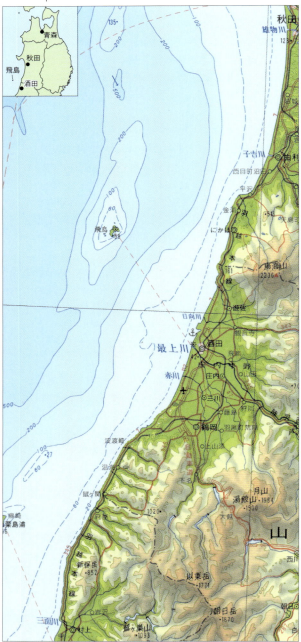

図9-1 飛島と酒田 （100万分の1日本「日本-Ⅰ」平22修、原寸）

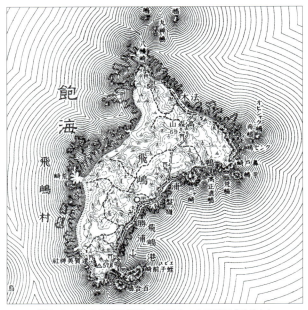

図9-2 1913年頃の飛島 （5万分の1地形図「飛嶋」大2測、原寸）

図9-3 2001年頃の飛島 （5万分の1地形図「酒田」平13修、原寸）

## 9. 飛島（とびしま）——少子高齢化社会のフロンティア

　飛島は、酒田港の北西およそ30kmの日本海上に位置し、面積2.7km$^2$、周囲12kmの山形県唯一の有人島である。同島は飛島村として一自治体を構成していたが、1950年（昭和25）に山形県酒田市に編入された。地形的には4つの段丘面から成り、上部に平坦面を有するテーブル状の形状を呈する。集落は北部に法木（ほうき）、東部に中村、勝浦の3集落が形成されており、勝浦港と酒田港を結ぶ定期連絡船が就航している（所要時間75分）。島の西岸に集落が形成されていないことからも推察されるように、冬季における北西の季節風は同島における生活を厳しいものにする最大の要因になってきた。冬季の漁は不可能であり、定期連絡船が連続して欠航する日も少なくない。なお、西部海岸の低位段丘面の一部ではかつて水田耕作が行われていたが、戦後消滅し現在は未利用地となっている。

　国勢調査によれば、1960年に1,451人であった人口は、2015年には204人にまで減少し、55年間の人口変動率は－85.9％に達する。人口の急激な減少は、1980年代から急速に進行した世帯単位での離島によるところが大きく、その背景には同島に定着して

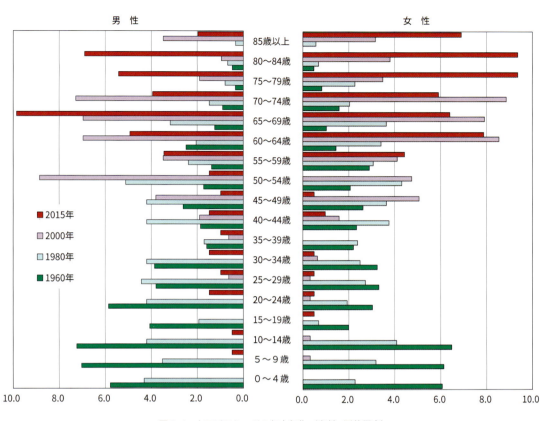

図9-4 人口ピラミッドの年次年化 （資料：国勢調査）

いる本土との二重居住（multi habitation）が挙げられる。飛島では、漁業の隆盛による島民の現金収入の増加と酒田市の住宅地開発が重なったことから、島民の多くが1960年代に本土で別宅を購入した。当初、別宅での居住は冬季の荒天を避ける一時的なものであったが、島内に高校や総合病院が存在しなかったことから、徐々に、子供の教育や高齢者の療養を目的にした本土での長期居住に変化し、それが住民の島外流出に繋がっていった。

1960～2015年の人口ピラミッドを描いてみると、1960年時点のそれは第一次ベビーブーマーが就学児童層を構成する「ピラミッド型」の形状を示していたが、1980年になると15～20歳と35～40歳の2階層にくびれが見られる「釣鐘型」の形状に変化したことが分かる。これらのくびれは子供の高校進学にあわせた若年世帯の離島によるものと考えられ、2000年には39歳以下の階層が抜け落ちる「カクテルグラス型」の人口ピラミッドが形成されるに至る。ついに島内コミュニティの存続そのものが危ぶまれる事態に陥ったかに思われたが、その後、高齢者ケアや「しまおこし」を目的にした若年層の移住が観察されるようになり、休校になっていた飛島小中学校も再校された。2015年の高齢者人口比は66.0%であり、高齢化は依然とし

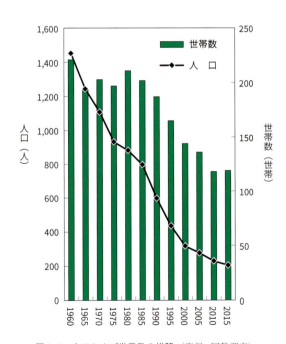

図9-5 人口および世帯数の推移 （資料：国勢調査）

て進行中であるが、人口ピラミッドに見られる若年層の復活は、島の未来に関わる明るい話題として指摘できる。

（山田浩久）

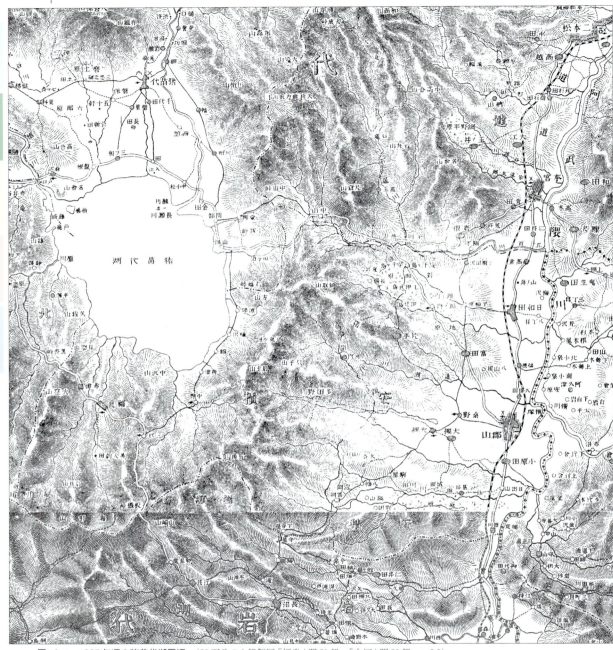

図10-1　1887年頃の猪苗代湖周辺　（20万分の1輯製図「福島」明21輯、「白河」明20輯、×0.9）

## 10. 猪苗代湖と安積疏水——疏水と近代化

　猪苗代湖の湖水は、湖の北西部（戸ノ口）から日橋川に注ぎ、阿賀野川に合流して日本海に至る。江戸時代より、日橋川への流出地点から戸ノ口堰（八田野堰）が築かれて、周辺の原野が開かれると同時に、会津若松の安定的な水源となった。天保年間の改修工事で飯盛山に導水トンネルが掘削され、戊辰戦争で敗走する白虎隊の悲劇の舞台ともなった。さらに、明治期には安積疏水事業によって十六橋水門が建設されて、湖の水位が調整されるようになり、猪苗代湖東岸の山潟地区から東の郡山方面への導水を可能にしている。湖東岸の山塊が分水嶺となっており、安積疏水はこの分水嶺を越えて郡山西部に広がる農地を灌漑し、最終的には阿武隈川に回収されて太平洋に注ぐ。

　安積疏水事業は、1879年（明治12）に最初の政府直轄事業（農業水利）として着手された。設計にあたっては、明治政府に招聘されたオランダ人技師ファン・ドールンが猪苗代湖周辺を調査し、助言したといわれている。この事業は、1882年に通水式をむかえ、幹線水路52km、分水路78kmの完成をみた。当時の受益面積は、郡山西部に広がる大槻原を中心とする約

10. 猪苗代湖と安積疏水　25

図10-2　2012年頃の猪苗代湖周辺　（20万分の1地勢図「福島」「白河」平24要修，×0.9）

3,800haであった。1941年からは新安積開拓建設事業が計画され、安積疏水の西方に幹線水路（35km）が引かれた。これによって、灌漑地域は須賀川南部の岩瀬、長沼にまで拡大した。現在では約9,500haの受益面積となっている。

　安積疏水は、郡山の工業にとっても重要な役割を果たしてきた。1880年（明治13）に設立された正製組やその翌年に設立された真製社は、渋沢栄一などの出資も得て、1898年に郡山絹糸紡績会社を設立した。同社は翌年、中山峠に猪苗代湖と安積疏水との落差を利用した水力発電所（沼上発電所）を建設し、郡山まで

の約20kmを高圧で送電した。この事業は、わが国の高圧・長距離送電の嚆矢といわれている。この電力供給によって、座繰り製糸から機械製糸への転換がはかられ、片倉組などの県外資本も郡山に進出するようになった。1916年（大正5）以降になると化学工業も立地し、沼上発電所からの電力供給を受けた。同発電所は現在、東京電力の一発電所となっている。

　農業、発電だけではなく、安積疏水は飲料水としても利用されている。1907年（明治40）に、郡山町（当時）から疏水組合に対して「申請」が出され、近代水道の基礎がつくられた。　　　　　　　　　　（末吉健治）

## 11. 東京湾——陸の拡大・海の縮小

 2枚の図を見比べて、一目瞭然なことがふたつある。ひとつは、海が小さくなった——すなわち、埋め立てが進行し、陸地部分の拡大＝海洋部の縮小が行われた——ことがわかる。

 単純に、千葉県・東京都（東京府）・神奈川県の陸地面積を比較すると（表11-1）、図11-1の作成された1887年（明治20）前後、「府県統計書」によると三府県合計で8,488.15km$^2$の面積を有する。これが2017年になると国土地理院の「全国都道府県市区町村別面積調」で9,361.16km$^2$と、873.01km$^2$も面積が増えていることがわかる。2017年段階で、一番小さな香川県の面積が1,876.77km$^2$なので、その半分近くが1887年から2017年の約130年間で増えたことになる。数字はあくまで、都県全体を示したものなので、図11-1・2の図郭範囲外も含まれるが、埋め立てのほとんどが東京湾で行われていることを考えると、その進行が顕著であることがわかろう。

 もともと東京湾（江戸湾）は浅瀬であり、埋め立てに適していた。江戸築城時には、堀の掘削土を使用し、また、江戸期を通じゴミ・貝殻を利用しての埋め立てが行われていた。実は、図11-1でも埋め立ての歴史が確認できる。品川沖に七つの陸地が点在している。これが品川台場（図11-2）、現在の東京臨海副都心地区である。遠浅な海が広がっていた様子は、図11-1で確認可能である。多摩川・江戸川・養老川・小櫃川などで運ばれた土砂が堆積している姿が確認できよう。

 一言で「東京湾」と呼称するが、流入する土砂により水深が浅く大型船が停泊できなかった東京港と、水深が深くかつ開港場に指定され大型船が停泊可能であった横浜港といった地域的差異は存在していた。1923年（大正12）の関東大震災の際にも、救援船が東京港に停泊できず、艀作業で困難を極めたことから東京築港の必要性が喚起され、高度経済成長期を通じ埋め立て地の拡大が続く。この埋め立てには、大型船の停泊を可能にするために、海洋部で行われた浚渫作業による土砂とともに、川砂、後に山砂が使われるとともに、都市部で大量に発生するゴミが最終処分され埋め立てられていった。

 一方で、埋め立ての進行は、埋め立て地の帰属について問題が顕在化することもある。たとえば、東京都中央防波堤地区は、当初、江東区・大田区・港区・品川区・中央区の協議で帰属が決まるはずだった。2018年現在、港区・品川区・中央区は帰属協議から撤退、一方、江東区・大田区は、中央防波堤地区全部の帰属を主張し、帰属問題は不透明である。

 明瞭な差異のふたつ目が、都市部の拡大・伸張であ

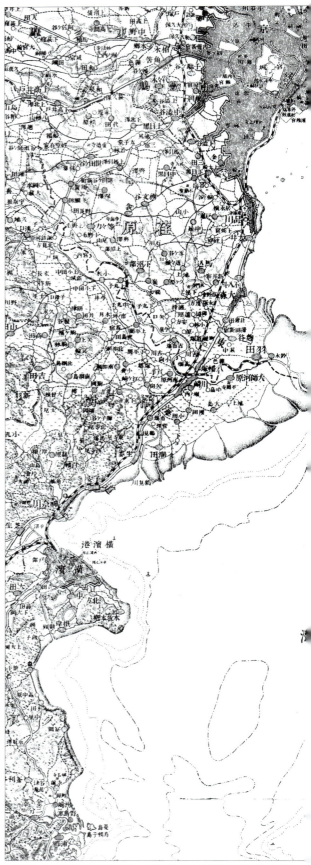

図11-1 1888年頃の東京湾 （20万分の1輯製図「東京」明21輯、

11. 東京湾

「佐倉」明20輯、「横須賀」「大多喜」明19輯、原寸）

る。図11-1が作成された1887年(明治20)前後、市街地が大規模に集積しているのは、東京と横浜ぐらいであり、神奈川県内で川崎、東京府内で大森、千葉県内で舟橋・馬加(幕張)・検見川・千葉などで小規模な集積が見られるだけである。東京においては、都市の連接が始まっており、品川・大崎・渋谷・内藤新宿(もしくは中野、角筈)・巣鴨・千住・亀戸・砂村あたりまでが東京市と一体化しているのがわかる。これが、図11-2の段階では、東京―川崎―横浜は連続した都市になりその境目を見いだすことは出来ない。東京―千葉方面は、都市の連続性は確認できないものの、事実上一体化しているといえよう。

図11-3は、2017年の国勢調査による流動人口を示したものである。都県全体の数字ながら、千葉県・東京都・神奈川県の1都2県相互間において、県内・他都県での就業・通学をする人口を示した。同一都県内で就業・通学をしている人口が最も多いながら千葉県境を超え東京都内に流入する人口が71.7万人、同じく神奈川県境を越え東京都内に流入する人口が106.9万と流動性が高まっている。　　　　　(天野宏司)

[1] 1878(明治11)年に、島嶼部は東京府の直轄地となっているものの、1887年『東京府統計書』中に島嶼部の面積に関する記載は無い。従って2017年の数字からも島嶼部の数値を除いた。

表11-1　陸地面積の変化

|  | 千葉県 | 東京都* | 神奈川県 | 合計 |
|---|---|---|---|---|
| 1887年 | 4,909.45 | 1,424.97 | 2,153.73 | 8,488.15 |
| 2017年 | 5,157.61 | 1,787.38 | 2,416.17 | 9,361.16 |
| 増加面積(km²) | 248.16 | 362.41 | 262.44 | 873.01 |

1887年：各府県統計書、2017年：「全国都道府県市区町村別面積調」により天野作成。

*1887年当時、西多摩郡・北多摩郡・南多摩郡は神奈川県の管轄であった。本表では、この3郡について、現在にあわせ東京都に含めてある。また、1887年当時の統計数値には、島嶼部を含まない。このため2017年の統計数値から、島嶼部に関する面積を除いてある。

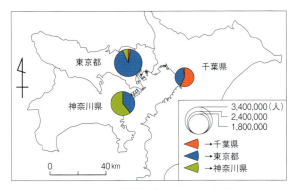

図11-3　東京都・千葉県・神奈川県における流動人口
平成27年国勢調査により天野作図

図11-2　2012年頃の東京湾　(20万分の1地勢図「東京」平24要修、

11. 東京湾 | 29

「千葉」平22修、「横須賀」「大多喜」平23要修、原寸)

## 12. 霞ヶ浦・利根川下流
――水の地域の変貌

　霞ヶ浦は、茨城県の南部に位置し、その面積($168.2 km^2$)は琵琶湖に次ぎ日本で第2位の広さを持つ湖である。現在霞ヶ浦と北浦の湖水は外浪逆浦で合流して利根川に注いでいる。平均水深は約4m(最大水深は約7m)、東側に並ぶ北浦とともに海跡湖であり、太平洋岸には鹿島灘に沿って砂丘地帯が発達している。霞ヶ浦の東西と北部は標高20～30mの台地で、台地内には樹枝状に刻む数多くの支谷が発達し、桜川、恋瀬川、小野川など56の河川が流入している。また、台地周辺の湖岸の地形は鋸歯状を呈している。

　図12-1中の南部に位置する利根川下流域は、近世以前は霞ヶ浦と同様に海水が混入する内海(香取海)であった。しかし、江戸時代初期に東京湾に流れていた旧利根川(現中川、隅田川)の東遷(瀬替)事業により大きく変貌した。香取海は利根川上流からの土砂の流入と合わせて新田開発が進められ、利根川下流の低地には高度経済成長期まで多くのクリークが発達する水郷景観がみられた。これに対して霞ヶ浦は、淡水化したものの高浜入りや土浦入りの一部で干拓が行われたが、広い湖面を今日に残している。浮島は現在干拓によって陸続きとなっているが、かつて霞ヶ浦に浮かぶ島であった(図12-1)。

　霞ヶ浦・利根川下流域では、古代から中世にかけて常陸国府への物資輸送や鹿島神宮、香取神宮などへの参詣を目的とした水上交通が発達していた。江戸時代には江戸と近在農村間の物資の流通に水運が大きな役割を担っていた。明治時代に入ると1877年(明治10)には、東京の深川扇橋と霞ヶ浦高浜の河岸間に蒸気船が就航するようになった。1910年(明治43)発行の利根川汽船航路案内を見ると、東京の両国から小名木川、江戸川、関宿を経て利根川を下り、霞ヶ浦はじめ、鹿島(現鹿嶋市)、河口の銚子まで運行していたことがわかる。しかしながら、1896年(明治29)には東京の田端・土浦の間に常磐線が開通、1898年(明治31)には東京の本所・佐原の間に総武線が開通した結果、この地域の交通は、水上から陸上交通の時代へ転換し始める。

**霞ヶ浦の開発とモータリゼーション**　霞ヶ浦では、高度経済成長期の1968年(昭和43)に霞ヶ浦開発事業が開始された。1973年(昭和48)には、塩害対策と首都圏の飲料水確保の目的で常陸川水門(通称「逆水門」)は閉鎖され、霞ヶ浦は、汽水湖から淡水湖へと変わった。1995年(平成7)には霞ヶ浦開発事業は完了し、湖岸の堤防の嵩上げも進み、水害に対する安全性は高まった。また、今日では霞ヶ浦の水資源を利用して、農業用水・生活用水・工業用水などの多目的な開発が

図12-1　1887年頃の霞ヶ浦周辺　(20万分の1輯製図「水戸」「佐倉

## 12. 霞ヶ浦・利根川下流

(明20輯、原寸)

なされるようになった。しかし、周辺台地の開発に伴う土地利用変化や下水道普及率および生活雑排水処理率が低いことなどの影響を受け、湖水の水質浄化機能は低下している。現在、改善に向けて対策を取っており、霞ヶ浦の環境保全への関心は高まっているものの湖水の水環境の抜本的な解決には至っていない。

　高度経済成長期に入る頃までは、霞ヶ浦周辺地域は、旧水戸街道、霞ヶ浦の水運、常磐線が結びつき、水陸交通の要衝地として石岡、土浦、龍ケ崎などが商都として発展してきた。最も代表的な産業は地域農村の資源と地下水を生かした味噌、醬油、酒などの醸造業であった。しかし、今日では、旧国府の所在地であった石岡市の例にみられるように地方都市の機能は薄れ、県都の水戸や土浦の発展により商圏の縮小を余儀なくされた。土浦市の場合もその後のモータリゼーションの進展と郊外店舗の出店、およびつくば研究学園都市の建設の影響も重なり、1990年代には百貨店や大型スーパーの撤退とともに衰退の傾向が目立つようになった。2015年（平成27）にはJR土浦駅前の複合商業施設に土浦市役所の本庁舎が入ることで共用を開始し、新たなまちづくりを模索している。

　一方、利根川下流に位置する香取市佐原地区（旧佐原市）では、かつては江戸と銚子方面を結ぶ、米をはじめとした物資輸送の中継拠点として栄えた商都で、醬油、酒といった醸造業も盛んであった。しかし、佐原も霞ヶ浦周辺地域と同様に、商都としては今日では衰退傾向にある。こうしたなかで、1996年（平成8）には、利根川の支流である小野川沿いに水運時代の名残である商家や土蔵がみられる重要伝統的建造物保全地区に選定された。2011年（平成23）には東北地方太平洋沖地震（東日本大震災）により町並みは大きな被害を受けたが、2013年（平成25）には被害にあった建造物の修復が完了し、歴史的な町並みを生かしたまちづくりが進められている。

　モータリゼーションの進展により地域が大きく発展を遂げた例は、現在の鹿嶋・神栖地域である（図12-2）。これらの地は砂丘地帯であったため農業や商業の発達が遅れた後進地であった。しかし、1963年（昭和38）には全国総合開発計画の一環として臨海部の工業開発のための工業整備特別地域に指定され、「農工両全」の開発が進められた。また、1970年（昭和45）にはJR鹿島線の開通、さらに東関東自動車道は北浦西岸にまで延伸工事が進んでおり、鹿島・神栖地域から周辺地域あるいは東京への交通の利便性は大きく改善されてきた。現在は鉄道に代わり高速路線バスがJR東京駅と鹿嶋市および神栖市・潮来市の間を運行しており、2018年（平成30）7月現在1日88往復と、日本有数の高頻度運行路線となっている。

（元木理寿）

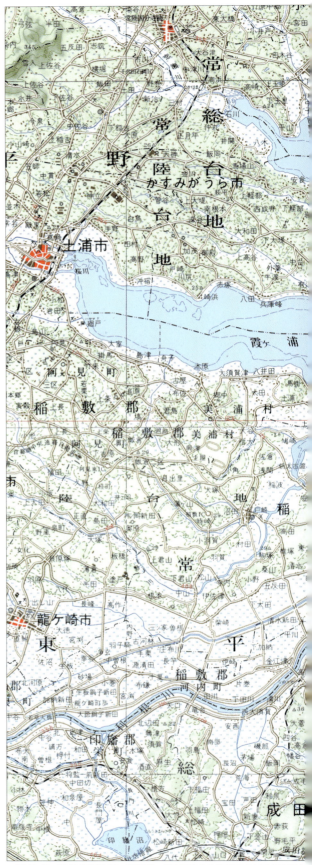

図12-2　2010年頃の霞ヶ浦周辺　（20万分の1地勢図「水戸」「千葉」

12. 霞ヶ浦・利根川下流

図13-1 1903年頃の九十九里浜 (5万分の1地形図「東金」「茂原」明36測、原寸)

## 13. 九十九里浜 ── 納屋集落とイワシ漁

　九十九里浜は、全長約60kmに及ぶ日本有数の砂浜海岸であり、北部の屏風ヶ浦と南部の太東崎の削られた砂礫が、沿岸流の作用によって堆積して形成された。そのため平野の幅は、図に示した平野の中央部が最も広く約10kmに及ぶが、南北へ行くにつれ狭くなっている。九十九里浜は歴史的にみると、陸地の相対的隆起と沿岸流の堆積作用によって海岸線は前進してきた。しかし、近年は沿岸流の変化もあり、砂礫の堆積作用は衰え、海岸線の前進はみられなくなっている。

　このような九十九里浜には、海岸線に平行していくつもの集落列がみられ、集落の間は水田となっている。集落は、もとの沿岸州である砂堆上の微高地に立地し、水田はその間の低湿地に分布している。九十九里浜の農業は、かつては稲作が中心であったが、近年は露地や施設による野菜生産が盛んである。
　集落の名称は、臨海部には粟生納屋、西野納屋、不動堂納屋、真亀納屋など、語尾に「納屋」名をもつ集落が多く分布しており、総称して「納屋集落」と呼ばれる。内陸部には、粟生、西野、不動堂、真亀などの「納屋」地名の語幹名を持つ集落が分布している。こ

13. 九十九里浜

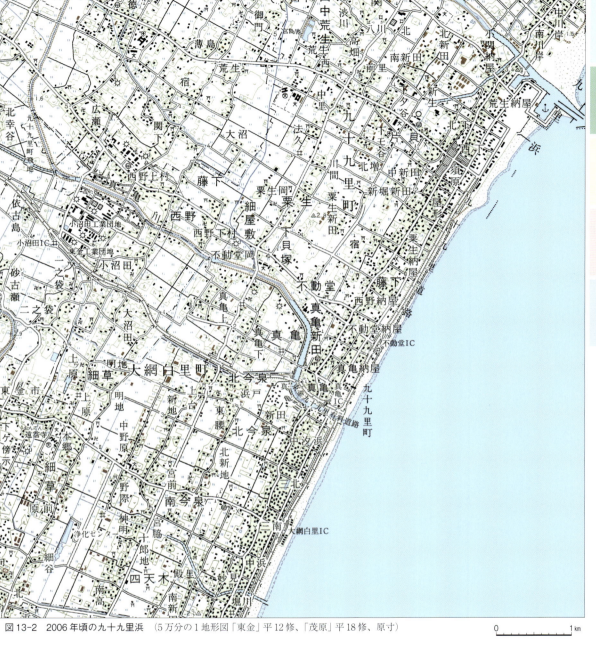

図13-2　2006年頃の九十九里浜　（5万分の1地形図「東金」平12修、「茂原」平18修、原寸）

れらの集落は、粟生岡や不動堂岡のように「岡」地名がつくことがあるため「岡集落」と呼ばれる。さらには、両集落の間には、粟生新田のように「新田」名称をもった集落が分布する例も多い。これらの集落は、近世におけるイワシ漁の豊凶と海岸線の前進とが相まって形成されたものである。

九十九里浜は、近世には地引網によるイワシ漁が非常に盛んで、「納屋集落」は「岡集落」の住民によって地曳網漁の基地として形成された。「新田集落」は、最初は臨海の「納屋集落」であったが、海岸線の前進により内陸の集落となり、イワシ漁の不漁期に新田開発が行われ農業集落に変貌した。九十九里浜のイワシ漁は、近世の地曳網漁から明治以降はアグリ網漁中心に変化した。現在最も海岸線に近い集落は、アグリ網漁に対応した新しい「納屋集落」である。近世以来盛んであったイワシ漁も1970年代以降衰退し、現在は片貝漁港を中心に小規模に行われている。

また、九十九里浜は海水浴を主とした海浜リゾート地としても知られ、片貝の西ノ下海岸は、九十九里浜の海水浴場発祥の地とされる。ただし、近年は観光客の海水浴離れもあって、海水浴客は減少傾向にあり、新たな対応が求められている。
　　　　　　　　　　　　　　　　　（中西僚太郎）

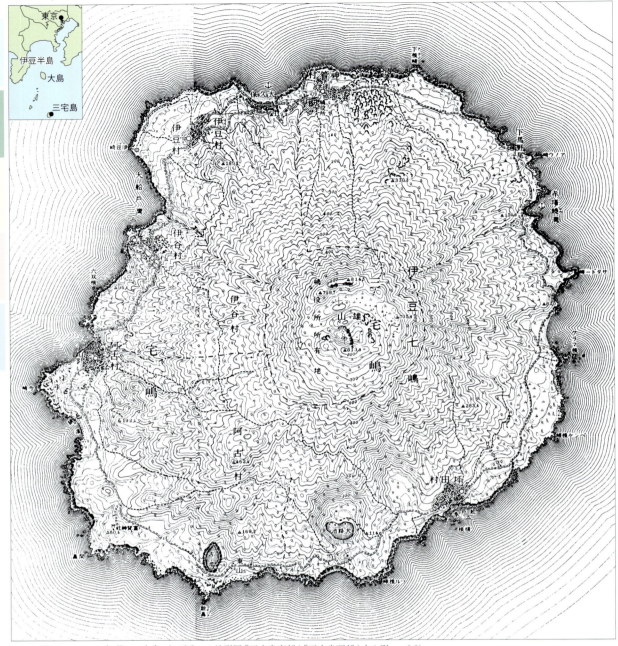

図14-1　1912年頃の三宅島　(5万分の1地形図「三宅島東部」「三宅島西部」大1測、×0.8)

## 14. 三宅島 ── 火山と共存する島

　東京から南約180 km沖にある三宅島は、雄山を中心とする火山島として知られる。有史以来14回の噴火を数え、近年では、1940年、1962年、1983年、2000年と約20年周期で噴火を繰り返してきた。

　図14-1では1847年(明治7)の噴火による溶岩流跡が島の北の神着集落東側に見られる。また、図14-2では、島の東部に1940年の噴火により形成されたひょうたん山と1962年噴火による三七山が見られる。西部の阿古集落は1983年噴火の溶岩流により埋没したため、図14-1よりも南の錆ヶ浜周辺に移転している。またこの噴火により島の南部にある新澪池(図14-1では古池)が破壊された。かつて雄山一帯は広葉樹林で覆われ、緑豊かな島であった(図14-1)。しかし、2000年の噴火による火山灰と火山ガス噴出により多くの木々が枯死したため、図14-2では荒れ地や浸食跡が目立つ。また、治山砂防対策としての堰堤が建設されている。

　歴史的にみると、江戸時代、三宅島は幕府直轄地として代官による支配下にあった。また、流刑地として多くの罪人を受け入れてきた。明治に入ると、韮崎県、足柄県、静岡県と所属が変わり、1878年(明治11)に

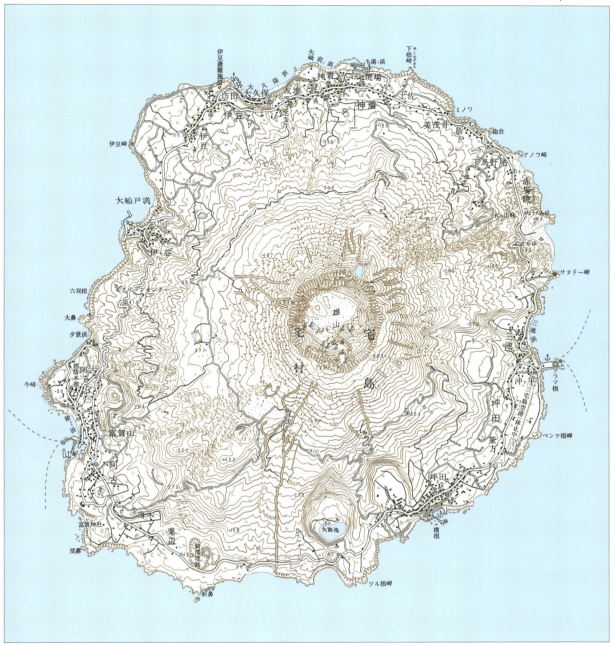

図 14-2　2005 年頃の三宅島　(5万分の1地形図「三宅島」平 17 修、×0.8) *「休止中」の空港は 2008 年 4 月再開。

東京府の管轄下となった。当時の人口は 2,908 人であった。1946 年 (昭和 21) に島内 5 集落のうち伊ヶ谷村、伊豆村、神着村が合併して三宅村となり、その後、1956 年に三宅村と阿古村、坪田村が合併し、現在の三宅村となる。合併当初、役場は旧村に 1 年毎の持ち回りで設置されていた。当時 (1955 年) は、テングサ採取の最盛期で人口は 7,131 人と最も多かった。

　北部の大久保浜や北西部の大船戸湾は、1960 年代半ばに錆ヶ浜港や三池港が整備されるまで、島の表玄関として機能した。港湾整備後は、港がある阿古・三池の両集落がにぎわうようになった。図 14-1 で建物がなかった三池は、1960 年 (昭和 35) に役場が置かれ、三池港の整備と三宅島空港の完成 (1966 年) により、島の玄関口・中心地として発達した。しかし、2000 年 (平成 12) の噴火により、三池は火山ガス高濃度地区内となった (2015 年 9 月解除)。このため、役場とともにその機能は阿古へ移されている。阿古は 1983 年の噴火で甚大な被害を受けたが、2000 年の噴火では軽微な被害にとどまった。

　1995 年 3,828 人だった人口は、長期避難を経て、2017 年には 2,583 人 (およそ 7 割) となった。避難の影響に加え少子高齢化の波をうけている。　(髙木　亨)

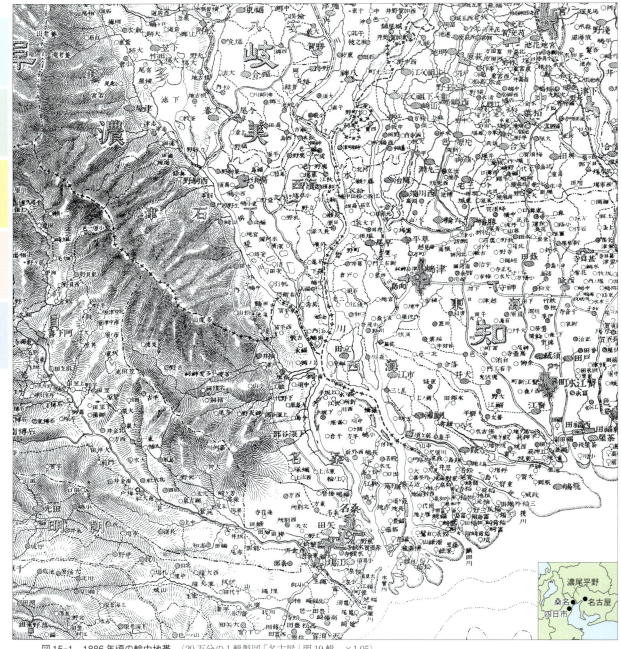

図15-1　1886年頃の輪中地帯　(20万分の1輯製図「名古屋」明19輯、×1.05)

## 15. 木曽川・長良川・揖斐川──輪中と治水

濃尾平野の西部、木曽川・長良川・揖斐川の中、下流域は標高も低く、洪水の常襲地帯であった(図15-1)。このため水害から集落や耕地を守るため、堤防を周囲にめぐらした「輪中」と呼ばれる水防共同体が形成された。古くは上流側だけの「尻無堤」であったが、近世には「輪中堤」となり、その後、河川域を埋めるように小輪中が大きな輪中に統合された。その結果、木曽三川は輪中の間を網流することになり、河川域の減少から洪水の危険性が増した。とりわけ濃尾平野は

東高西低の地殻運動によって、西の揖斐川が最も低いうえ、1609年(慶長14)に尾張側に「御囲堤」という大堤防が築造され、その後、堤防がかさ上げされたこともあり、洪水は一層、美濃側で多発した。度重なる洪水を幕府も放置するわけにもいかず、1754年(宝暦4)、木曽三川の改修工事を薩摩藩に命じた。薩摩藩の工事は、莫大な費用と多くの犠牲者を出し、翌1755年に完成したものの抜本的な改修には至らず、その後も洪水は減少しなかった。

明治に入り、政府はオランダ人技師のヨハネス・デ・レーケを招き、巨額の資金を投じて木曽三川の改修工

# 15. 木曽川・長良川・揖斐川

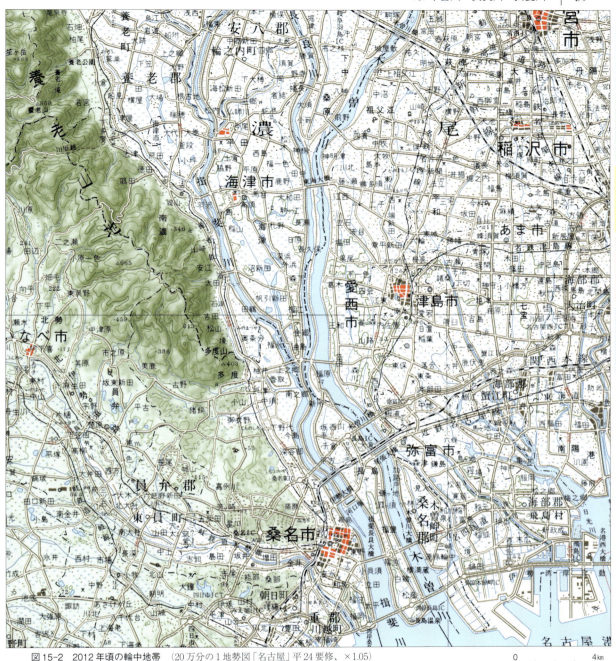

図15-2 2012年頃の輪中地帯 （20万分の1地勢図「名古屋」平24要修、×1.05）

事に乗り出した。1877年(明治10)、デ・レーケは調査を開始、1887年(明治20)から周辺地域の砂防工事や三川分流、佐屋川などの河川の付け変えや直線化などの工事を進めた。1900年に三川分流工事が、そのほかの工事も1912年(明治45)に完成した。25年間にわたる大工事であった。木曽三川は、図15-2のように堤防によって隔てられて分流し、河口付近を除いて合流していない。このデ・レーケの砂防を重視した近代的な治水工事の結果、輪中地域の洪水は激減した。

その後も治水事業は進められ、輪中景観を特徴付けていた「堀田」などのクリーク景観は、土地改良事業で埋め立てられ姿を消した。これらの治水事業により、不要と思われた輪中堤は取り壊され、洪水時の避難を目的に石積みの上に建てられた「水屋」建築は文化財に指定され、輪中のシンボルとなった。だが、デ・レーケの工事やその後の治水事業が、いかに優れたものであっても洪水は発生する。1958年(昭和33)の伊勢湾台風では、河口近くの輪中や干拓地が壊滅的な被害を受けた。1976年(昭和51)には、台風17号の大雨の影響で長良川の連続堤が決壊し大災害をもたらしたが、輪中堤が存続していた輪中は浸水を免れ、控堤としての輪中堤の重要性が認識された。 （平岡昭利）

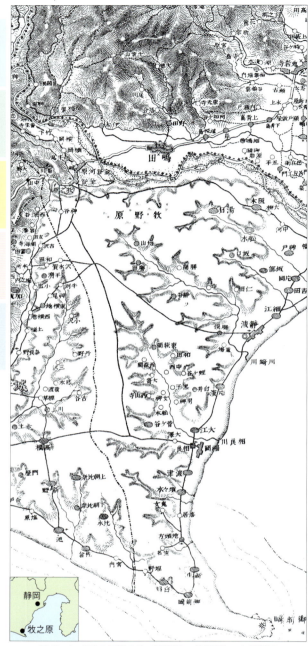

図16-1 1886年頃の牧ノ原周辺 （20万分の1輯製図「静岡」明19輯、原寸）

図16-2 2011年頃の牧ノ原周辺 （20万分の1地勢図「静岡」平24修、「御前崎」平23要修、原寸）

## 16. 牧ノ原 —— 日本一の茶産地

　牧ノ原は静岡県の中西部、大井川下流の右岸から駿河湾に至る地域に展開し、砂礫層からなる洪積台地である。かつての大井川が形成した扇状地が、その後の地盤運動によって隆起したものである。金谷原、谷口原(権現原)、大沢原、沢水加原、赤土原、布引原など「原」とよばれる台地面は南北22km、東西4～8kmあり、その高度は概ね標高100～200mである。近世まで台地の大部分は入会採草地として利用され、その他は赤松林と原野に覆われていた。現在、台地面の大部分は耕地化され、約5,000haに及ぶ茶園が広がる日本最大規模の茶産地となっている。

　台地の開発は、明治初期に特権を失った士族や川越人足に対する授産事業として始まった。士族による台地の開墾は、1869年(明治2)に江戸から静岡へ移封された徳川家が旧幕臣たちに開墾を奨励したことに始まる。当初の計画開墾面積は1,425町歩におよび、300戸以上の旧幕臣が牧ノ原へ入植した。開墾は静岡藩の資金的援助を受けながら1871年(明治4)に200町歩、1877年(明治10)には500町歩に達した。ただ、廃藩置県(1871年)後は藩からの援助が途絶え、自力での

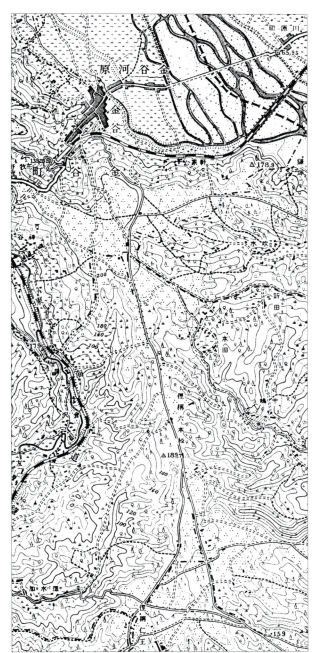

図16-3 1895年頃の牧ノ原 （5万分の1地形図「掛川」明28修、原寸）

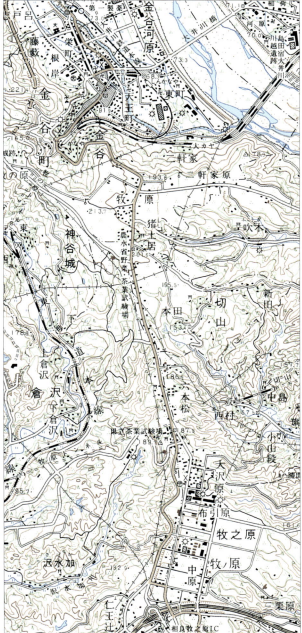

図16-4 1997年頃の牧ノ原 （5万分の1地形図「掛川」平9修、原寸）

開墾となったため、苦境に陥ることがしばしばであったという。さらに、1877年以降の輸出不振を伴う茶不況は士族による開墾に限界をもたらし、大井川の川越事業の廃止によって失業した川越人足に引き継がれることとなった。しかし、士族と同様に開墾事業には困難が伴い、離農者が相次ぐこことなった。

その後を引き継いだのが、地元の農民であった。彼らは士族や川越人足による事業の実質的担い手として関与し続けており、現在の牧ノ原の姿を形づくった人々といえる。農民による事業の本格化は、士族が撤退しつつあった1892年（明治25）頃以降といわれ、士族の所有地を買い取ったり、開墾放棄地を再開墾したりして茶園の経営規模を拡大し、今日の牧ノ原茶業の礎を築いた。

現在の牧ノ原台地は、台地の東西を東海道新幹線と東名高速道路が貫き、茶園の中を疾駆する新幹線がおなじみの風景となっているほか、新たに台地の北部に静岡空港も開設されている。東名・相良牧之原IC周辺には工業団地が造成されて、自動車部品や精密機械、茶業関連機械メーカーなどが立地するなど、近年、土地利用に大きな変化が生じている。

（中條曉仁）

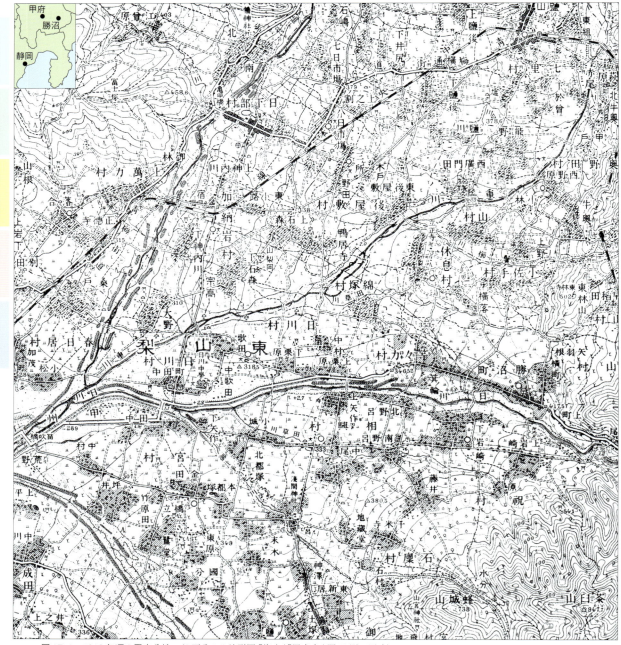

図17-1 1910年頃の甲府盆地 （5万分の1地形図「塩山」「甲府市」明43測、原寸）

## 17. 甲府盆地 ── 桑畑からぶどう畑へ

　山梨県中央部に位置する甲府盆地は、赤石山脈（西）、秩父山地（北東）、御坂山地（南）に囲まれ、その山地を刻むように北東部から流れる笛吹川、北西部から流れる釜無川が合流して富士川となって南へ流れ出る流域に形成された典型的な内陸盆地である。図で示したのは2018年現在、果樹栽培が盛んな盆地の東、現在の甲州市勝沼町付近である。地形から見ると、東から南にかけて天目・笹子・御坂の山脈が連なり、その西北部に日川、重川、鬢櫛川などによって形成された扇状地が複合する。

　勝沼町は甲府盆地の東の玄関口として、江戸時代には陣屋が置かれた重要な宿駅であり、繁栄の拠点であった。扇央部の斜面には桑畑が卓越し、河川流域にはモザイク状に水田が広がる。果樹園は南東部の斜面にわずかに立地するのみである。明治中頃までの勝沼宿は、米、大豆、綿、繭、生糸、桑、ぶどうなど、物資の集散によって栄えた。1898年（明治31）には甲府－勝沼間に鉄道馬車が設けられ、勝沼宿は最盛期を迎えたが、1903年には甲州街道と離れた位置に中央線が開通すると徐々にその賑わいを失った。1910

# 17. 甲府盆地

図17-2 2007年頃の甲府盆地 （5万分の1地形図「御岳昇仙峡」「甲府」平19修、原寸）

年発行の図17-1で鉄道と甲州街道の位置関係を確認することができる。1913年（大正2）、菱山村に勝沼駅が設置されると、名産甲州ぶどうの販路が鉄道を通して京浜や関西各地に拡大した。栽培地域も漸次拡大し、ぶどう棚が連なる風景へと一変した。果実組合もこの頃、設立された。

ぶどう畑の面積は、明治維新期にはおよそ300haであったが、1926年（昭和1）に769ha、1941年には1,125ha、1990年には5,810haと拡大を続けたが、現在はおよそ4,000haとなっている。明治以降、ぶどう畑が桑畑、さらに水田に変わり、図17-2のように土地利用のほぼ全てが果樹園という特徴ある景観を形成した。図の東部に位置する「小佐手」以北では、ぶどうと合わせて桃栽培が盛んである。甲府盆地は2018年現在、日本有数の果樹生産地帯であり、とりわけ甲州市ではぶどうや桃の生産が盛んである。東西に走る高速道路は1982年（昭和57）に勝沼IC―甲府昭和ICの開通をもって全面開通となった。中央自動車道下り線の笹子トンネルを抜けると視界が開け、一面にぶどう畑が広がる。高速道路の開通は自動車の普及ともあいまって、首都圏から近い観光果樹園およびワイナリー集積地域としての当地域の発展を促すことになった。

（湯澤規子）

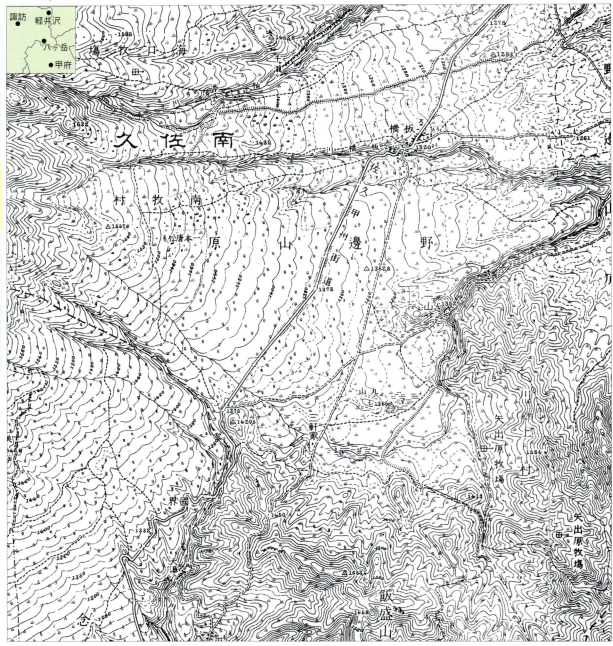

図18-1　1910年頃の野辺山高原周辺　（5万分の1地形図「八ヶ嶽」「金峰山」明43測、原寸）

## 18. 野辺山高原 ── 高原野菜産地の形成

　八ヶ岳東麓の火山山麓（標高約1,300～1,800m）に広がる長野県南牧村野辺山は、日本を代表する高原野菜の産地である。ここは野辺山原と呼ばれ、江戸時代には近隣諸村の入会地として、おもに家畜の秣場に利用されていた。この地方は馬産地として栄え、とうね（当歳馬）は農家の重要な生産物であった。明治時代に入り軍馬生産が奨励されると、牛馬頭数は飛躍的に増加し、1900年（明治33）の海ノ口牧場を嚆矢に、矢出原（二ツ山）・板橋・平沢牧場など、野辺山原には次々

と牧場が開設された。当時の地形図には、野辺山原や飯盛山の山麓に広がる広大な牧場と、その内部に設置された牧区を示す長大な土塁が確認できる（図18-1）。大正時代には、キャベツや水稲などが試験的に栽培された。しかし昭和時代を迎えても、ほとんどの農家は自給用のソバ、ジャガイモ、水稲などに牛馬飼養を組み合わせた自給的混合農業の段階にとどまっていた。

　自給的混合農業から商業的農業への転換は、高見沢武人など若い開拓者の手で進められた。彼らは菅平の高原野菜栽培に学び、1934年に野辺山でハクサイの試作に成功して、翌年には野辺山高原蔬菜出荷組合を設立

18. 野辺山高原 | 45

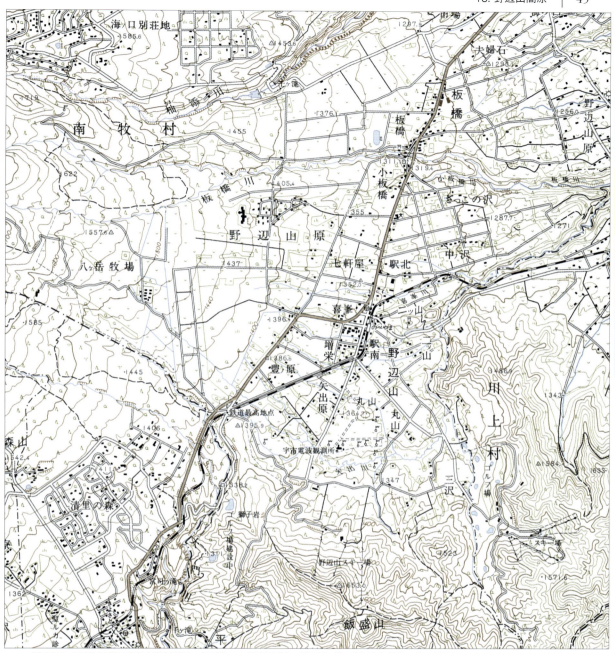

図18-2　2007年頃の野辺山高原周辺　（5万分の1地形図「八ヶ岳」平3修、「金峰山」平19修、原寸）

した。折しも小海線が小淵沢―小諸間で全線開通し、野辺山駅の開設により鉄道輸送による野菜出荷が可能となった。しかし、まもなく日中戦争、太平洋戦争と、国中が戦時体制下に置かれるなか、商業的農業は姿を消して、野辺山原は広大な軍用地に変わっていった。戦後は軍隊に接収されていた演習地が、引揚者、復員兵、戦災者などに解放され、約170世帯が入植した。1948年には7つの開拓組合が野辺山開拓農業協同組合に合併統一され、ふたたび高原野菜栽培が本格化した。また、野菜栽培用の堆厩肥生産を目的に、集約的酪農経営も導入されて商業的混合農業が発展した。しかし、1960年代後半には乳価の低迷で酪農家が減少し、経営の多頭育化が進む一方、野菜収入の急増は1970〜1980年にかけて農家の野菜栽培への特化を促した。

2015年現在、南牧村の農業経営体総数は368で、このうち野菜生産者は322、乳用牛生産者は38である。また2016年の総農業産出額（107.3億円）の74％を野菜、25％を乳用牛が占める。野菜の作付面積はレタスの525ha（257経営体）が最大で、ハクサイの453ha（187経営体）、キャベツの128ha（141経営体）と続く。乳用牛の飼養頭数は3,249頭（平均85頭／経営体）である（2015年農林業センサス）。（丸山浩明）

図19-1　1910年頃の黒部川扇状地　（5万分の1地形図「三日市」「泊」明43測、×0.7）

## 19. 黒部川扇状地 —— 水が育む産業と生活

　富山平野の東端に位置する黒部川扇状地は、北アルプス鷲羽岳に源をもち、幹線流路延長が約85kmの黒部川によって形成されたもので、扇頂から扇端までの最大距離は13.5kmである。地形図上の等高線が同心円状に広がるきれいな形をした臨海扇状地である。新扇状地の東と南に低位と高位の旧扇状地がある。丘陵化して開析が進んでいる棚山と十二貫野といった高位の旧扇状地を除く平坦部の面積は131.8km²である。黒部川の山間流域では年降水量が5,000mm、場所によっては1万mmを超えるといわれ、黒部川の豊かな水が黒部川扇状地の産業と文化を育んできた。黒部川扇状地には黒部市と入善町、朝日町の1市2町が含まれるが、2018年4月末の各市町の住民基本台帳によると、黒部川扇状地の範囲の世帯数は2万7,945、人口は7万5,428であった。黒部川扇状地の開発は、扇端部と山麓や段丘崖沿いから始まった。扇状地の全域に水田が広がったのは、1595年（文禄4）に加賀藩がこの地域を支配するようになってからである。主要な灌漑用水路は主に16世紀末から17世紀にかけて開削され、19世紀前半の舟見野や十二貫野などの旧扇状地

# 19. 黒部川扇状地

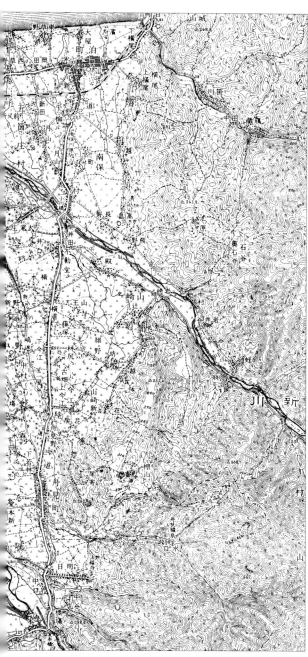

上の用水の完成で終了した。

　図19-1の1910年(明治43)測図の地形図から集落の分布をみると、海岸沿いには漁村あるいは船着場から発達したとみられる集落が分布していたことがわかる。また、海岸線と平行する旧北陸道沿いに、三日市と入膳、泊といった大きな集落があり、いずれにもかつて宿駅がおかれていた。江戸期には黒部川は扇状地上を幾筋にも分かれて流れており、水量の多い夏季には渡河に苦労した。そこで、1662年(寛文2)に扇頂の愛本付近の狭窄部に刎橋がかけられて、山麓を通る北陸道上街道(上筋、上往来、夏街道とも称される)がつ

くられ、旧来のものは下街道(下筋、下往来、冬街道とも称される)と呼ばれるようになった。上街道には浦山と舟見の宿駅が新たに設けられ、この2つの集落は明治期以降も中心地として機能を果たした。下街道よりも海岸側と上街道沿いでは集村が、それ以外では散村や小村が卓越していた。江戸期に整備された灌漑用水路網に支えられて黒部川扇状地はほぼ水田化されていたが、1910年(明治43)頃でもかなりの林地や原野が残っていた。生地町から上原村吉原までの扇端部には湧水帯が広がっており、なかでも右岸地域では湧水地から海岸までのびる沢沿いには「杉沢林」が多くあった。幅員3m以上の道路は旧北陸道の上街道と下街道、そして扇状地を横断する上飯野と大家庄を結ぶもの以外はほとんどなかった。1910年には北陸本線が黒部川扇状地まで延長されており、これによって、黒部川扇状地の交通軸と経済の中心が、これまで以上に扇端部に移り、舟見や浦山が衰退していった。

　黒部川扇状地の土地利用と景観は、明治期以降の農業的土地基盤整備事業によって大きく変化した。黒部川は水量に恵まれており、農業用水が不足することは少なかった。むしろ、融雪期や梅雨期における黒部川の出水のためにおきた取水施設の破壊や流失が最も大きな問題であった。明治期には右岸に7つ、左岸に6つの用水があり、それぞれの用水組合の最大の仕事は、黒部川本流に設けられた取水堰と取水口の確保であった。その解決策として、1890年代より複数の取水口を統合する合口事業が計画されたが、工事費がかさむことから実現しなかった。この合口事業は、右岸地域の旧扇状地と現扇状地を分ける段丘崖の中腹を通る農業用水路の落差に注目して、水力発電をしようとした電力会社によって実現された。1925年(大正14)に黒部川電力株式会社は、右岸地域の6つの用水(後にもう1つも加わる)の取水口を合併し、その水力を利用して2つの発電所(出力7,760kwと6,330kw)を稼働させた。1929年(昭和4)にもう1つの発電所(5,140kw)が建設された。電力会社は合口事業の工事費とその後の用水路の維持管理費を全額負担した。その後、県営事業として両岸の用水を一括して取り入れる愛本堰堤と左岸の合口用水路が1932年(昭和7)に完成し、左岸地域にも1938年までに3つの発電所(6,300kw、1,490w、1,210kw)がつくられた。

　合口事業によって安定した水量が得られるようになったが、大量一括取水によって冷水による被害が大きくなった。そこで、旧扇状地上の4か所で採った赤土を微粒化して、汚泥水として既存の灌漑用水路に流し、水田に流送沈殿させる流水客土が1951年から実施された。これによって、水田の保水力が高まり冷水被害は軽減され、保肥力も大きくなったので、米の

図 19-2　1996年頃の黒部川扇状地　（5万分の1地形図「三日市」「泊」平8修、×0.7）

収量は大きく増加した。また、1960年代になって狭く不整形な水田の整備や分散耕作地の統合、狭小で錯綜した用水路や農道の改善によって、機械化に対応し、省力的・合理的稲作経営を実現するために、圃場整備が進められた。1970年代末には黒部川扇状地のほぼ全域で圃場整備が完了し、水田は30a区画となり、用排水路は分離・整備され、農道の幅員も幹線で6.5m、支線で4.5mとされた。

　黒部川扇状地の農村は古くから稲作に強く依存してきた。それでも、養豚や酪農、大根などの野菜栽培、チューリップ球根栽培など、土地資源を最大限に活か

す工夫がなされた。また、積雪によって農業が制限される冬季には、1950年代まで出稼ぎに従事する農民が多かった。ところが、1960年代からの圃場整備を契機に、稲作の省力化が実現したために、急速に兼業化が進んだ。1950年頃までの黒部川扇状地では、北陸本線泊駅前の日東紡績泊工場と入善駅前の東洋紡績入善工場を除くと、食料品工業や醸造業、土石関係産業など、小規模な製造業があったにすぎなかった。しかし、1960年代後半から自動車部品や電子部品、縫製・服飾などの工場が多く立地し、さらにはファースナーとアルミサッシの吉田工業（現在のYKK）が大き

図19-2の1996年（平成8）修正の地形図からは、三日市と入膳、泊の市街地が拡大し、その周辺および国道8号線沿いに多くの工場が立地したことがわかる。北陸本線生地駅周辺のYKKは、世界的企業に成長した。扇央部や扇頂部の農村地域にも工場や公共施設などが目立つようになった。いずれの中心市街地でも古くからの商店街は衰退し、市街地の周辺に立地した大型の商業施設や、魚津市や富山市の商業地域に顧客を奪われるようになった。工業用地や住宅地の拡大につれて、圃場整備直後に増加した水田面積も、1980年代に入って減少し始めた。また、圃場整備によって林地や原野はほぼ全面的に消滅してしまった。新旧地形図で最も目立つのは、道路網の変化である。主要な国道と県道の整備が進むとともに、圃場整備によって1枚1枚の圃場にいたるまで農業機械を搬入できるような農道がつくられた。1983年には北陸自動車道が開通し、黒部川橋が建設され、朝日と黒部にインターチェンジができた。また、1986年には権蔵橋の上流に新川黒部橋がつくられた。2015年には国道8号線入善黒部バイパスが開通し、黒部大橋の下流の四十八ヶ瀬大橋が供用されるようになった。

　黒部川扇状地では「名水の里」や「名水の町」といった標語があちこちにみられ、水と人々の生活との密接なかかわりを感じることができる。入善町の杉沢と黒部市の清水（しょうず）の里、黒部市生地の共同洗い場が黒部川扇状地湧水群として、1985年に環境庁の全国名水百選に選ばれた。それとともに、2014年には富山市以東の富山県東部全域が、立山黒部ジオパークに認定され、黒部川扇状地はその重要な構成要素になっている。ジオパークとは、科学的に貴重な地形や地質などの大地の遺産であり、それを保全するとともに研究・教育・普及に活用し、ジオツーリズムを通じて地域の発展に役立たせることを目的としている。2015年3月には北陸新幹線が開通し、北陸自動車道黒部インターチェンジのすぐ南に黒部宇奈月温泉駅が開設された。これを機会に海と平野と山が水の循環で結びつけられた大自然そのものと、それと関連する生活文化を観光資源として地域振興を図ろうとする試みが進められるようになった。例えば、黒部峡谷や宇奈月温泉などの従来からの観光資源の活用に加えて、自噴井や湧水、杉沢などの名水めぐり、漁村や宿駅のまち歩き、散村景観の観察、取水堰や用水路、発電所、近代的工場など産業施設の見学、地下水を利用した地酒や地ビールの試飲など、新しい観光が模索されている。また、新幹線の開通にともなって、YKKの本社機能のうち人事や経理、財務などの管理部門が黒部市に移され、さらには新たなまちづくりを目指す「パッシブタウン」プロジクトが始まるなどの動きもある。　　　　（田林　明）

く発展した。これによって黒部川扇状地の就業機会は格段に増加し、多くの若年層が地元で働くことができるようになった。また、大部分の農家も、それまでの酪農や養豚、チューリップ球根栽培、出稼ぎなどを中止し、稲作と通勤兼業を行うようになった。ところが1990年代になると、これまで通勤兼業を行いながら農業を継続してきた世代が高齢化し農業から離脱する一方、農業を継承する後継者が極めて少なくなり、脱農化傾向が著しくなった。反面、「土地持ち非農家」の農地を耕作する大規模借地稲作農家や集落営農組織が増加している。

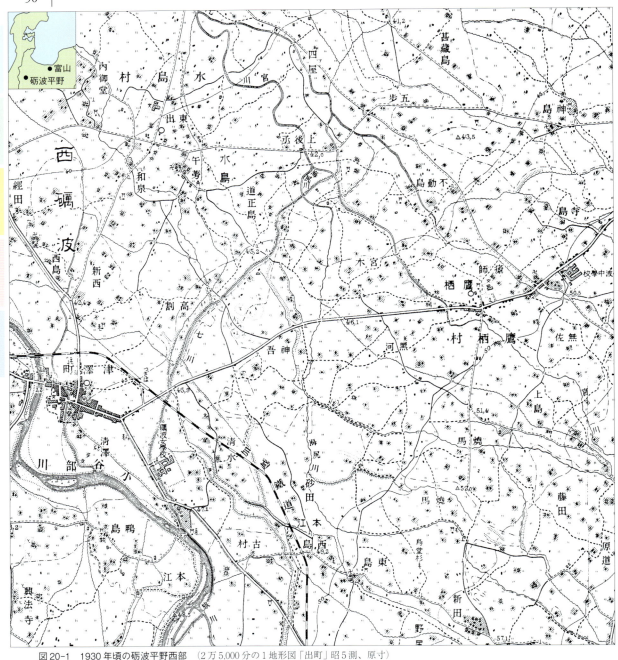

図20-1　1930年頃の砺波平野西部　(2万5,000分の1地形図「出町」昭5測、原寸)

## 20. 砺波平野──交通の発達と散村の変貌

砺波平野西部の砺波市鷹栖地区(旧 鷹栖村)、小矢部市水島地区(旧 水島村)、南砺市野尻地区(旧 野尻村→福野町)一帯は、水田に住居が点在する典型的な散居村であった。この一帯は第二次世界大戦後の圃場整備事業の際に、住居を移転せずに水田と農道の整備を進めた。このため「カイニョ」と呼ばれる屋敷林や「アズマダチ」と呼ばれる妻入り民家など、散居村特有の景観が大きく損なわれることはなかった。

近年、散居村の景観は「カイニョ」の伐採や「アズマダチ」の減少、新興住宅地の造成等によって変貌しつつある。しかし、水島地区は2000〜2001年に砺波散村地域研究所が実施した調査で「アズマダチ」が多く残存している地域の1つとされ、散居村特有の景観が比較的よく維持されている。

この一帯における最大の地域変貌は、交通網の劇的な変化であろう。小矢部市津沢地区(旧 津沢町)は江戸期には小矢部川の舟運で栄えた。明治期に入ると舟運は衰退したが、1922年(大正11)には加越鉄道(のちの加越能鉄道加越線)が全通し津沢駅が設けられた。その加越線もモータリゼーションの到来により利用客

20. 砺波平野 | 51

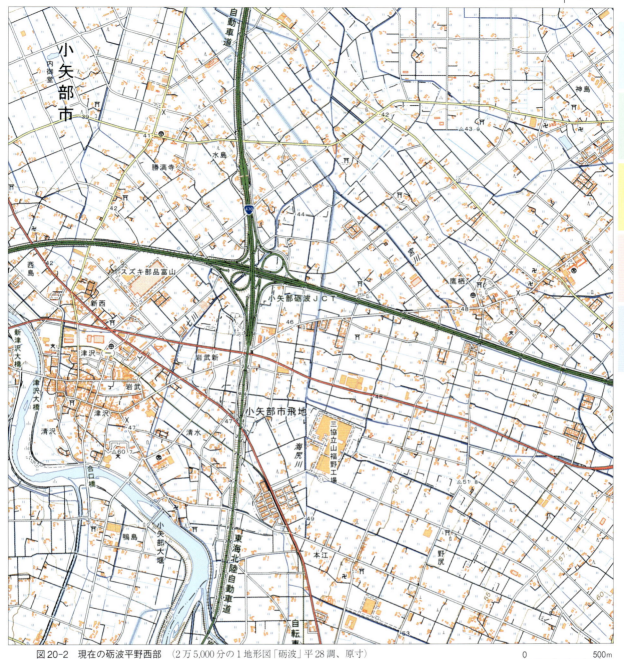

図20-2　現在の砺波平野西部　（2万5,000分の1地形図「砺波」平28調、原寸）

が減少し、1972年に廃止された。

　一方、1973年（昭和48）には北陸自動車道の小杉IC〜砺波IC、1974年には砺波IC〜金沢東ICが開通した（1988年全線開通）。1992年には東海北陸自動車道の福光IC〜小矢部砺波JCT、1996年には能越自動車道（国道470号）の小矢部砺波JCT〜福岡ICも開通し、小矢部砺波JCTが3つの自動車道の結節点となった。東海北陸自動車道は2008年7月に全線開通し、能越自動車道も2015年2月に七尾ICまで延伸されたことで、砺波平野は三大都市圏や能登半島と高速自動車道で直結された。

　小矢部砺波JCT付近には多くの工場も立地した。図20-2にみられる鈴木自動車富山工場（現 スズキ部品富山）は1969年（昭和44）に操業を開始し、主にアルミダイカスト製品を生産してきた。また三協立山福野工場は1974年に操業を開始し、ビル用規格サッシなどを生産してきた。また、総合スポーツ用品メーカーのゴールドウインは、津沢地区の農家に生まれた故・西田東作氏がこの地で創業した津澤メリヤス製造所が、年商約700億円を誇る世界的な企業に成長したものである。現在、同社の本社は東京にあるが、津沢地区の中心部には本店を置いており、その周辺にはいくつかの関連会社も立地している。　　　（助重雄久）

## 21. 大阪湾──「天下の台所」の門前

**2つの「なにわ」**　寿司や天ぷらの新鮮なネタを提供した東京湾沿岸を指す「江戸前」と異なり、大阪湾沿岸は残念ながら全国区の名称がない。しかし大消費地の大坂(阪)や京(都)を後背地にもつ大阪湾沿岸が、古くから漁業の盛んな点は江戸前に勝るとも劣らない。

大阪(慣例に倣い、近世以前を大坂、近代以後を大阪と表記)は、豊臣秀吉の城下町建設まで上町台地上のみが岬状に陸化していた都市で、大阪湾はその東西両岸に入り組んでいた。大阪湾は、内海の瀬戸内海につながりつつも、波の流れの速さで知られ、それが大阪の古称である「浪速」や「難波」を生んだとされる。

明治期の輯製図(図21-1)は、和泉から摂津、さらに対岸の淡路島に至る大阪湾沿岸に栄えた多数の漁村を描いており、それらは現在阪神大都市圏の衛星都市となっている。南から主なものをあげれば、岸和田、堺、尼崎、西宮、そして後年は大阪と並び六大都市の一角をなした神戸などがある。鮮魚を「なまうを」と呼んだ近世大坂では、それら漁村に水揚げされた漁獲物を生け簀状の船で、淀川下流の安治川と木津川の分岐点近くの鮮魚を扱う雑喉場市場へと輸送して取引した。

『諸国客方帳』の記録によれば、和泉から鰤(ブリ)、蛸(タコ)、鯛(タイ)、摂津からハツ(マグロ類)、鱧(ハモ)、鰯(イワシ)、淡路から鱧、赤物(鯛類)、ツバスなどが入荷していた。加えて大坂には淀川や大和川といった河川で獲れる鰻(ウナギ)などの川物も入荷し、水産物に極めて恵まれた都市であった。

また大阪湾は、水産物を提供するのみならず、蝦夷(えぞ)地や日本海側各地の物資を西廻り航路で輸送してくる北前船が入津し、また逆に上方の物資を江戸に供給する菱垣廻船や樽廻船が盛んに往来する海上輸送の拠点でもあった。かつて自治都市で、伝説的商人の納屋助左衛門を生んだ堺も、近世前期までは大坂に並ぶ海上輸送拠点であったが、18世紀初頭の大和川付け替えで河床堆積が進み、次第に良港の地位を奪われた。

**私鉄王国**　1874年(明治7)に大阪─神戸間官設鉄道が開通した。その経路は当時の海岸線より山側を経由し、加島付近で大きな屈曲を描いて大阪に入っていた(図21-1参照)。阪神間鉄道は、建設時点で1876年に開通する京阪間鉄道とつなぎ一本化する計画ではなかったが、西国街道(図21-1では「中国街道」、現国道43号)からも北に隔たる不思議な経路を選定して建設された。そのため大阪湾岸初めての鉄道の経路は、その沿岸に栄えてきた尼崎、西宮、御影などの市街と隔たり、現在の新幹線のように大阪と神戸の大都市間連絡に徹するものとなった。

一方衛星都市的機能とは異なり、近世以前には自治都市として繁栄を誇った堺を大阪と結ぶ鉄道は、すで

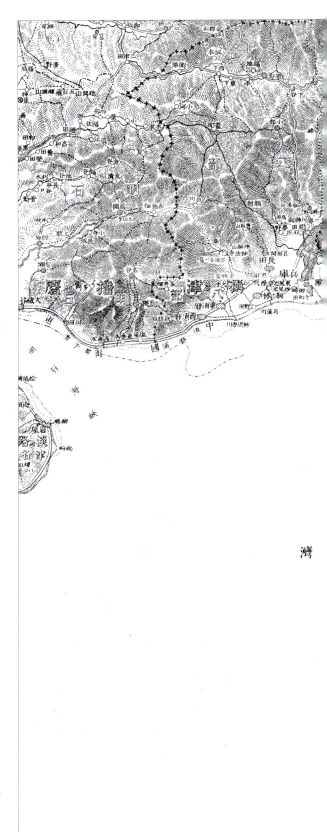

図21-1　1886年頃の大阪湾　(20万分の1輯製図「京都及大阪」

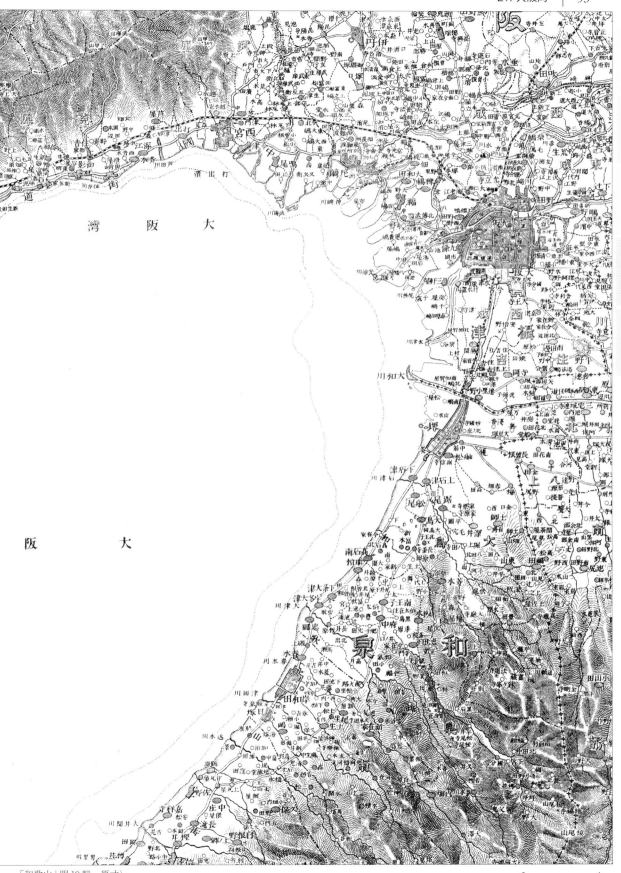

「和歌山」明19輯、原寸)

に五代友厚らが明治初年から計画していた。阪堺間の鉄道は、阪神間や京阪間の官設をよそに、1882年(明治15)に藤田伝三郎や松本重太郎など大阪財界の関係者が民間資本で建設する私設鉄道として出願した。阪堺鉄道(現南海電気鉄道)として敷設免許を得て1885年に難波—大和川間が開業し、その後堺への延長が実現したが、さらに南海鉄道として1898年には和歌山に達した。図21-1では阪堺鉄道の難波—大和川間の開業時点を示しているが、官設鉄道線とは異なり和歌山街道(現国道26号)にほぼ沿っており、同鉄道を南に延伸した後年の南海鉄道の経路も同様であった。そのため岸和田、貝塚、佐野(現泉佐野)などの沿岸集落の東端に駅を設置し、起終点都市のみならず中間集落の利用者を獲得することになった。

阪神間官設鉄道が東海道線に編入されたのちに、既存沿岸集落や街道との隔たりを解消すべく、路線の一部を併用軌道で結んで開業したのが1905年(明治38)の阪神電気鉄道であった。現在は高架化や路線改良も進んだが、それでもJR東海道本線や、のちに出現した阪急電鉄線に比較すれば集落を縫うように敷設した路線に、多くのカーブを残している(図21-2)。阪神電気鉄道は、阪神間官設鉄道が看過した尼崎、西宮、御影などの沿岸集落を律儀に結び利用者を獲得した。

京阪神間で民鉄が国鉄の分割民営化まで「私鉄王国」を謳歌できたのは、箕面有馬電気軌道(現阪急電鉄)の宝塚開発などの沿線開発と併せて、近世以来漁村として発展した大阪湾岸に点在する沿岸集落の少なからざる利用者を獲得する路線を選定したからであった。

**臨海埋立** 高石市に隣接する堺市南部、石津川南の浜寺は、かつて大阪近郊の白砂青松の景勝地として知られ、夏場には市内から訪れる海水浴客で賑わった。また阪神間の海岸線沿いに路線を敷設した阪神電気鉄道は、開業間もない1905年夏に打出浜に海水浴場を開設し、旅客誘致に努めた。さらに大阪市街地に近接する天保山付近でさえ、海水を利用した温泉である築港潮湯が設けられて市民で賑わったといわれている。

上町台地西側の大阪市街自体が大阪湾を埋め立てた町人地区であり、また現在の港区や大正区などの埋立地は近世に大坂の豪商たちが競って開いた町人請負新田であった。臨海埋立の歴史は近世以前に遡るが、地図上でノコギリ刃のような景観の現代的埋立地の増加は、1919年の都市計画法・市街地建築物法の制定によって臨海部や埋立地が工業地域として用途指定されたことによる。大阪湾沿岸でも神戸、尼崎などでは第2次世界大戦以前から臨海部開発が進み、それがやがて東進、南進して高度経済成長期にかけてかつての景勝地を工場景観に呑み込むことになった。 (三木理史)

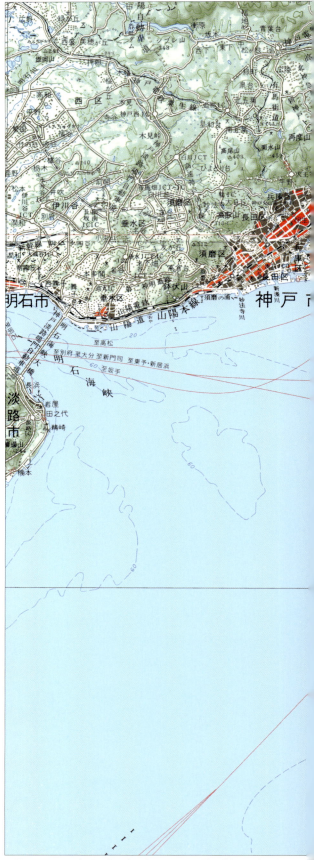

図21-2 2012年頃の大阪湾 (20万分の1地勢図「京都及大阪」平23号

21. 大阪湾 | 55

「和歌山」平24要修、原寸)

図22-1　1888年頃の児島湾周辺　（20万分の1輯製図「丸亀」明21輯、「徳島」明19輯、原寸）

## 22. 児島湾干拓地──島から半島へ

　児島湾干拓地は、旭川、笹が瀬川、倉敷川の沖積平野で岡山平野の主要部をなすが、元来、児島は文字通り島であった。古代の開発は国道2号線以北であり、干拓は戦国時代末期以降進展し、江戸期に本格化した。12世紀末、倉敷市藤戸町天城と藤戸間は、謡曲藤戸に謳われる源平藤戸合戦で馬の背が立たないところはわずか2町程といわれた程狭い海峡「藤戸の瀬戸」で、児島の北側が瀬戸内の東西航路であった。14世紀には内海化し、瀬戸内海航路は児島の南部に移動し、16世紀初頭には陸繋化した。それは、塩津、梅ノ浦、瀬戸内海航路の要所郡（児島湖締切堤防南端の集落）の地名などにみられる。
　吉備の穴海（あなうみ）と呼ばれていた児島湾の半島化は、鉄穴（かんな）流しによる砂鉄の採取、干拓事業など人間活動により加速した。児島湾干拓の最盛期は17世紀で、倉田、幸島、備前沖などの藩営新田に加え、17世紀前半土豪が開発した福浜、米倉、新福の新田、また17世紀後半庄屋など町人請負として西田、備中沖新田も開発された。干拓は19世紀に第二の隆盛をみた。大規模な興除（こうじょ）新田や児島福田新田など（岩崎や矢崎など新興町

22. 児島湾干拓地 | 57

図22-2　2010年頃の児島湾周辺　（20万分の1地勢図「岡山及丸亀」「徳島」平22修、原寸）

人層が開発者）に加え、切添や村請新田など零細な川張、片岡、宗津新田も開発された。

　明治期に士族授産事業として開発された1番開墾地の多くは、明治10年代には倉敷の大原家や味野の野崎家などの寄生地主の手に移った。また2番開墾地は、大原や三菱会社により開発された。1905年（明治38）および1912年（大正12）には、政商藤田組により1区（高崎農区）および2区の大曲農区、都農区、錦農区が完成され、藤田農場が4農区1,200町で資本主義的経営を展開、また1941年には3区と5区の干拓地（現岡山市浦安地区）が完成した。6区と7区の干拓は、藤田組から農林省の手に移った干拓事業で、1953年と1965年に完成した。

　児島湾干拓地では、灌漑用水路として1581〜85年に八ヶ郷用水が、また幸田新田では坂根用水が引かれたが、干ばつによる農業被害は激甚で、村の長の務めとして酒瓶片手に挨拶廻りしながらの余り水もらいは欠かせず、締切堤防による児島湖の淡水湖化が待たれたわけである。

　1924年（大正13）の干ばつ時のバーチカルポンプの導入を契機に、昭和初期には自動耕耘機が興除村を中心に普及した。全国の先駆けとなった機械化と、経営

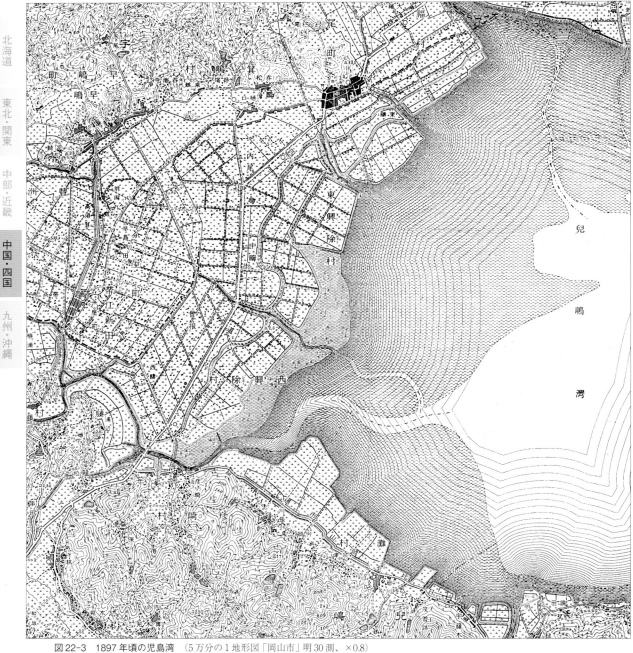

図22-3　1897年頃の児島湾　（5万分の1地形図「岡山市」明30測、×0.8）

耕地規模などの恵まれた地域条件を背景に、米麦二毛作にもよる農業経営は、西日本で最も発展性のある先進農業地域と目されてきた。

戦後もわが国で初めて稲作機械化一貫体系を確立し、また米麦プラスイ草や野菜栽培による集約化により高位生産性を達成した。県南部を中心に岡山県のイ草作付面積は1965年（昭和40）に全国の42％を占め、1960年の1農家当たり耕耘機・トラクター所有台数や農業粗生産額は、都道府県平均が0.09台や1.6万円であるのに対し、藤田村は0.91台や41.8万円（全都府県の全国市町村中第7位）、専業農家率も七区干拓地では88.0％と高かった。

その状況は、新産業都市岡山市や倉敷市の開発、また、イ草の先枯れや根腐れ病を引き起こす公害問題などにより大きく変容した。イ草の作付面積は、海外からの輸入品の増大と産地間競争にもより、岡山県の対全国比は2000年には0.5％へ激減、一方、熊本県は2001年には91％を占めた。また、イ製品の輸出は1960年の6.6億円が1990年に400万円に、輸入額は1970年の100万円が2003年には157億円へと激変した。このようにイ草は栽培されなくなったが、高い加工技術により、原料を海外から、さらに国内産のイ草

22. 児島湾干拓地 | 59

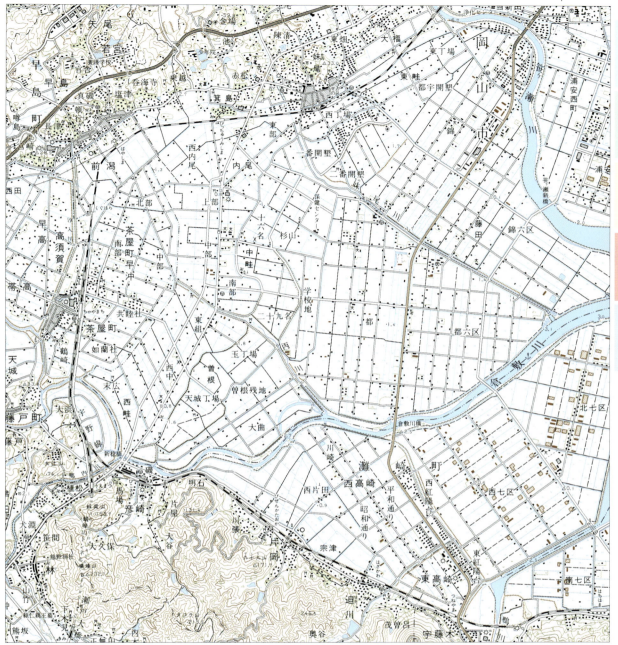

図22-4　1994年頃の児島湾干拓地　（5万分の1地形図「岡山南部」平6年修、×0.8）

を用いて畳おもてや花ござが製造されてきた。
　また、この地域は、東西また南北とくに四国に通じる交通のクロスポイントであり、例えば岡山県総合流通センターは、東西の山陽自動車道と南北の岡山自動車道および瀬戸中央自動車道がクロスする位置にある。物流と情報の受発信基地としての機能も期待され、地元をはじめ関西、関東に本社が立地する卸売業、運輸業および倉庫業の111社が入居した。また国道2号線が東西に、国道30号線が南北に走り、道路沿いに工場や工業団地、宅地、商業地が展開した。例えば児島湖締切堤防付近の木材工業団地、岡山市藤田地区およ

び妹尾地区、倉敷市早島地区の住宅団地などである。灘崎町の西紅陽台および東紅陽台のように、遊水地機能をもった低湿地域は地価が安価なため埋め立てられ宅地化したが、地盤沈下や地震など災害面では課題が残る。青江地区やさらに南部の国道30号線沿いには、ショッピングセンターなど流通機能も展開した。
　また倉敷や岡山の市街地を貫流する笹が瀬川や倉敷川が流入する児島湖では、締切堤防の完成に伴い富栄養化がもたらす公害問題もみられ、児島湖流域下水道浄化センターが展開、また児島湖の底泥（ヘドロ）を除去する浚渫事業なども実施された。
（北村修二）

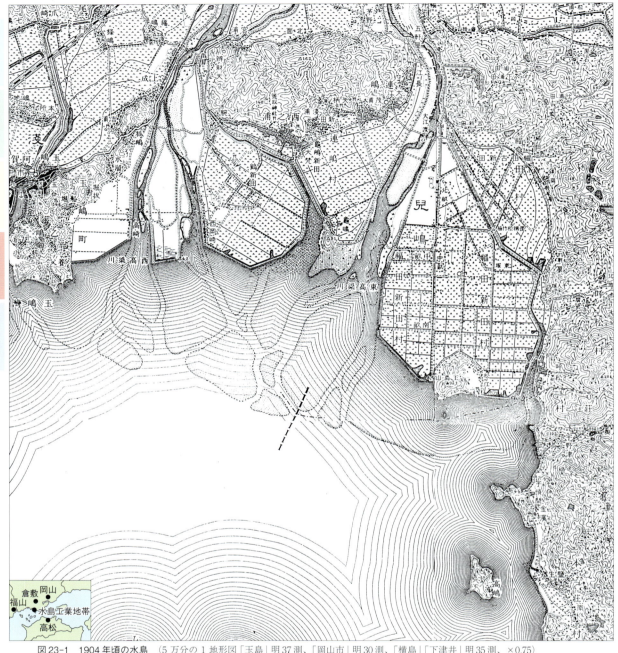

図23-1　1904年頃の水島　（5万分の1地形図「玉島」明37測、「岡山市」明30測、「横島」「下津井」明35測、×0.75）

## 23. 水島──工業化の舞台

　水島は岡山県の高梁川河口に位置し、一般的には当地に形成された臨海工業地帯の名称として知られている。当地の歴史は、江戸期から明治期の干拓事業による新田開発、昭和期の海面埋め立てによる大規模な工業・港湾開発に特徴づけられる。

　当地において干拓が始められるのは1584年の酒津堤防築堤以降である。江戸期に入ると、大名・旗本、有力地主、そして町人の出資によって干拓事業が推進された。連島以北の干拓は17世紀前半までに完了し、連島以南は17世紀後半から19世紀にかけて開発された。主要な干拓地は、図23-1において新田地名としても認めることができる。これらの新開地では、米のほか、木綿が栽培され当地の特産品となった。明治期には、木綿に代わってイ草が普及した。また、干拓地ごとに地割りの方向が異なっており、これは今日の道路網にも受け継がれている。大正期には東高梁川を廃川とし、第2次世界大戦前までに1万数千haの土地が造成され、海岸線は著しく後退した。その結果、連島をはじめとする水島灘の島々が陸封され、亀島、王島などの往時の呼称が小山の名称として現在にも残されている。

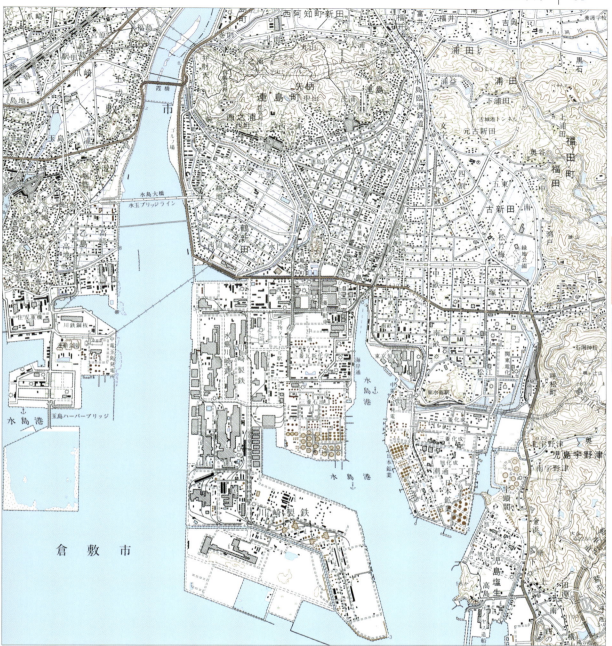

図23-2　2004年頃の倉敷市水島　（5万分の1地形図「玉島」平12要修、「寄島」平7修、「岡山南部」平16修、「玉野」平4修、×0.75）

戦後は、「農業県から工業県への脱皮」を目標とした1952年（昭和27）策定の「水島臨海工業地帯造成計画」に沿って工業化が進められた。この計画は、岡山県が県財政を傾注して実施した大事業であり、計画規模も年を追って拡大された。高度経済成長期という時代背景や熱心な誘致活動、また当地のめぐまれた立地条件も手伝って素材型工業が相次いで立地し、巨大な石油化学・鉄鋼コンビナートが形成された。岡山県南部は新産業都市の指定を受け、水島はその中核的な役割を担うものと位置づけられた。

2016年において水島には254工場が立地する。工業出荷額等は3.7兆円（岡山県の約47％）であり、今日でも瀬戸内工業地域を代表する規模にある。その内訳は、石油・石炭製品38％、鉄鋼23％、化学21％、輸送用機器11％であり、これら4業種で全体の94％を占める。水島は、「新産業都市の優等生」と称されるように、大企業の誘致に成功し、地域経済の発展を導いてきたという点で評価が高い。その反面、大気汚染や水質汚濁などの公害や工場災害の発生により、イ草の先枯れや魚の大量死といった、地域社会へマイナスの影響をもたらした。工業化に伴い住宅地も増えており、産業と居住環境の調和したまちづくりへの取り組みもみられる。

（友澤和夫）

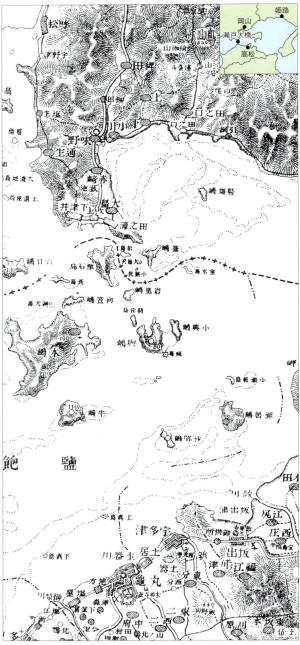

図24-1 1888年頃の下津井周辺 （20万分の1輯製図「丸亀」明21輯、×1.25）

図24-2 2010年頃の瀬戸大橋周辺 （20万分の1地勢図「岡山及丸亀」平22修、×1.25）

## 24. 瀬戸大橋──架橋と橋脚の島々

　瀬戸内海のほぼ中央、備讃瀬戸に本州と四国を結ぶ世界最大級の橋が、10年近くの歳月を経て1988年に完成した。本州四国連絡橋の児島〜坂出ルートで瀬戸大橋と呼ばれ、四国400万人の悲願の架橋であった（図24-2）。橋は児島半島の南端、下津井集落の東から、約9.4kmの海域を5つの島伝いに6つの橋が架かり、坂出の番の洲工業地帯の高架橋へと続く。橋の上を瀬戸中央自動車道が、下をJR瀬戸大橋線（本四備讃線）が通る併用橋である。自動車道の1日の通行量は2.2万台、瀬戸大橋線は年間におよそ750万人の乗客を運んでいる。JR岡山駅は、松山や高知行特急が運行され、四国の鉄道の玄関ともなり、その拠点性を強めるなど、地域に与えた架橋の影響は大きい。

　**下津井と児島の変貌**　児島半島の南、瀬戸大橋の本土側の橋が架かる下津井は、中世からの古い港町であり、近世には風待港、潮待港として、さらに北前船の寄港地として繁栄した。また、丸亀とを結ぶ航路は、四国への最短航路として金毘羅参りなどに利用された。だが、1910年（明治43）に国鉄宇野線が開通し、宇野〜高松間に連絡船が就航すると下津井〜丸亀航路の利

24. 瀬戸大橋 | 63

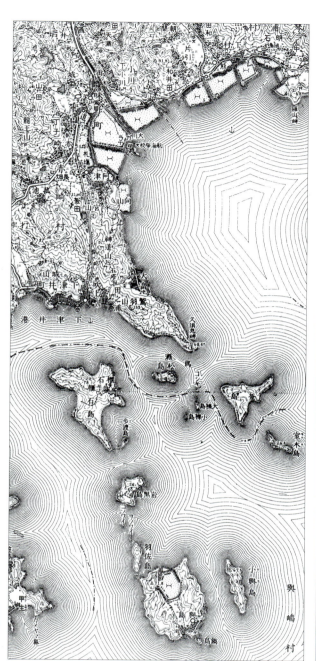

図24-3 1906年頃の下津井周辺 （5万分の1地形図「下津井」明39測、×0.75）

図24-4 1992年頃の下津井周辺 （5万分の1地形図「玉野」平4修、×0.75） 0 500m

用客は激減した。このため1911年に下津井軽便鉄道を設立し対抗したが、客足が伸びず経営難は続いた。1949年、社名を下津井電鉄に変え営業を続けていたが、1988年の瀬戸大橋の開通によって、一層、経営が悪化したため鉄道事業から撤退した。さらに1999年には、伝統の下津井〜丸亀航路も廃止され、下津井は旅客、商港機能を消失した。

　図24-3の北の海岸沿いに塩田が展開する。児島塩田の味野浜、赤崎浜である。塩田経営者は新田開発も行い、綿花を栽培、江戸後期には足袋生産が盛んになり、明治に入ると紡績業にも進出した。その軌跡は日

本一の足袋生産から学生服の製造、さらにジーンズに繋がる。1948年、3町1村が合併し児島市となり、その後、倉敷市と合併したが、児島には多くの繊維関係の企業が集積し、ジーンズ製造のメッカとなっている。

**橋脚の島々**　瀬戸大橋に架かる橋脚の島々は、北から櫃石島、岩黒島、羽佐島、与島、三ッ子島であるが、羽佐島は無人島、三ッ子島は岩礁である。このほか橋脚の島ではないが、与島のすぐ東に小与島がある。これらの島々は香川県に属し、四国との結びつきが強く、坂出沖の沙弥島、瀬居島とともに与島村を形成したが、1953年に坂出市に編入された。橋脚となった

図24-5　1906年頃の坂出周辺　（5万分の1地形図「下津井」「丸亀」明39測、原寸）

　3つの島と子与島のうち、漁業が盛んな島が、櫃石島と岩黒島であり、与島は塩田と石材採掘、子与島は採石業であった。いずれの島々も人口減少に悩んでいたが、1988年の瀬戸大橋開通後の人口減少は、これら4つの島々で大きく異なる。

　これら島々のうち、最大の人口規模の与島（1960年939人）には、塩田跡地に関西の鉄道資本による大規模な観光施設のフィッシャーマンズワーフやヨットハーバーが建設され、一大リゾート拠点が形成された。だが、開通当時の年間500万を超えた観光客は、わずか2年で半減し、その後も減少を続け、2011年、つ いに施設が閉鎖された。島民の観光にかけた振興は、夢物語となり、瀬戸大橋開通前の1985年の人口570人が、30年後には83人となった。子与島にもホテルが建設されたが、すぐに閉鎖され、2015年の人口は、わずか4人となっている。これに対して、漁業で生きてきた櫃石島と岩黒島の人口減少は、与島などと比べると小さく、とりわけ岩黒島の人口は、開通前の97人が2015年で75人である。一過性ではなく、持続性を持つ生業の重要性が改めて問われている。

**坂出塩田と番の州工業地帯**　瀬戸大橋線の本土側のJR児島駅から電車で15分、備讃瀬戸を渡り、番の

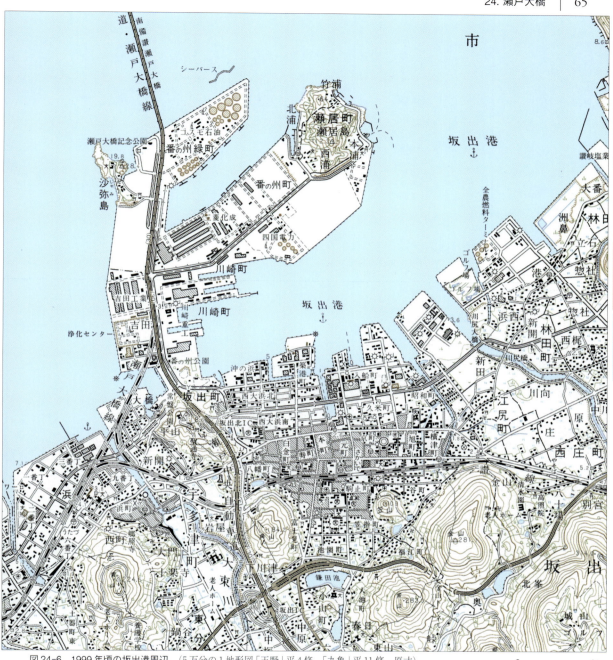

図24-6　1999年頃の坂出港周辺　（5万分の1地形図「玉野」平4修、「丸亀」平11修、原寸）

州の高架橋を通り、JR坂出駅に到着する。この坂出はかつて日本有数の塩の生産地であり、海岸には塩田が広がっていた（図24-5）。その基礎は、1829年に久米栄左衛門によって開発された東大浜、西大浜の大規模な入浜式塩田（108ha）であった。明治に入っても、次々に塩田開発が行われ、香川県は明治中期以降、全国一の塩生産県となった。第2次世界大戦後、塩の生産は、効率の良い流下式塩田に代わったが、1971年には第4次塩田整備で、すべての塩田が廃止された。塩田跡地は、地盤が低く、また、地価も高いことから、転用は進まなかったが、瀬戸大橋開通の前後から、塩田跡地だけでなく、その地先海面も埋め立てられ、工場や倉庫、商業施設などが進出した。

塩田整理が進められた1960年代から70年代の同時期、備讃瀬戸航路の浚渫によって出た大量の土砂を利用して、坂出沖の浅瀬である番の州の埋め立てが進められ、1975年に621万m²という広大な工業団地が完成した。これにより沙弥島、瀬居島が陸続きになった。工業団地には、1964年に進出した川崎重工を皮切りに三菱ケミカル、四国電力、コスモ石油、YKK APなどが次々と立地した。この結果、坂出は塩田の町から、工業、物流都市へと大きく変貌した。（平岡昭利）

図25-1 1888年頃の芸予諸島 （20万分の1輯製図「広島」「丸亀」明21輯、×0.8）

## 25. しまなみ海道 ── 尾道と今治を結ぶ

　芸予諸島（芸予海峡）海域は、大小多くの島々と狭い急潮水路が連続し、日本有数の多島海を形成している。古くから重要交通路だった瀬戸内海において、燧灘と斎灘の間に位置する要衝の地であり、弥生期には大三島や伯方島、大島などの山上に高地集落がみられ、往来船の水先案内などの役割を果たしたとされる。中世には海峡や瀬戸を支配した因島や能島、来島などの海上勢力が成長し、村上水軍を形成した。近世にかけては生口島（瀬戸田）などが水運の拠点として栄え、北前航路の寄港地ともなった。大三島（宮浦）は、武人や海人の崇敬を集める伊予国一ノ宮の大山祇神社が鎮座することでも知られる。これらの島々では、農漁業のほか、製塩業、造船業、海運業、採石業などが主に営まれてきた。

　荘園物資の積出港となっていた尾道、伊予国府の置かれた今治は、古くから中部瀬戸内海における要港であり、芸予の島々を結ぶ船の発着地としても賑わい、1902年（明治35）には尾道─今治間に鉄道連絡船が就航、1970年頃には年間約80万人の利用客を数えている。

　戦後、国土開発による経済発展が模索される中、

## 25. しまなみ海道

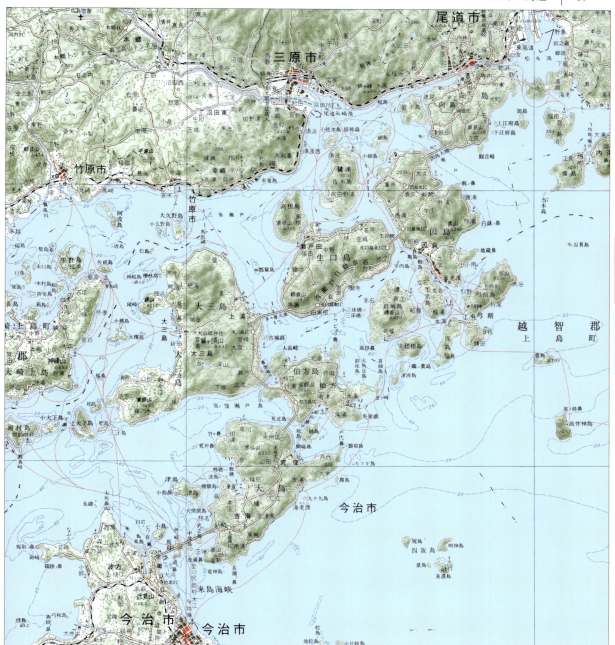

図25-2　2010年頃の芸予諸島　（20万分の1地勢図「広島」平16修、「岡山及丸亀」平22修、×0.8）

　1960年代に島伝いに尾道と今治を結ぶ経路が本四連絡橋ルート候補の1つとなり、1979年の大三島橋の竣工以降、因島大橋、伯方・大島大橋、生口橋が順次開通、1999年の新尾道大橋、多々羅大橋、来島海峡大橋の完成で全長約60kmの西瀬戸自動車道（通称「瀬戸内しまなみ海道」）が全通した。

　以後、本四間や架橋された島々をつなぐ航路は廃止・再編が進んだが、全通直後から自動車交通を使った観光入れ込み客数が増加、なかでも生口島の耕三寺や平山郁夫美術館、大三島の大山祇神社とその宝物館などでとりわけ団体客が急増し、1996年に世界文化遺産に登録された厳島（宮島）と並んで瀬戸内海地域の代表的観光地と位置づけられるようになった。

　また、本四連絡橋3ルートの中では唯一、新尾道大橋を除く各橋に原動機付き自転車・自転車・歩行者専用道が併設されている点が特徴であり、中継地となった有人7島の住民（全通時で人口約10万人）の生活道や、観光道としても利用されてきている。近年は日本初の海峡横断自転車道としての認知が高まり、2016年に海道沿いの城跡や伝統料理などの文化財群が日本遺産「村上海賊」に認定されたこともあって、内外からのサイクリング客が増加している。

（三木剛志）

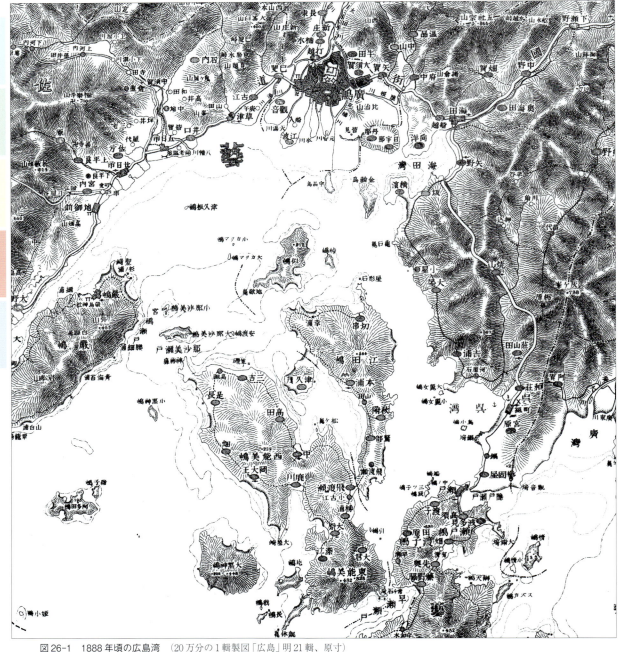

図26-1　1888年頃の広島湾　（20万分の1輯製図「広島」明21輯、原寸）

## 26. 広島湾──要塞化した海

　大小の島々が点在する広島湾。その湾奥には、北から流れ込んだ太田川により、デルタ（三角州）が形成されている。この河口に、1591年（天正19）、毛利輝元は堅固な山城の吉田郡山城を捨て広島城を建設した。以降、広島は石高42.6万石の中国・四国地方最大の城下町となる。明治に入ると広島に陸軍の「鎮台」が置かれ、その後、広島鎮台は第五師団になった。さらに1889年（明治22）には、デルタの沖合の宇品島までを埋め立て、「陸軍の軍港」と称された宇品港を建設した。1894年（明治27）に日清戦争が勃発、その直前に山陽鉄道が広島まで開通した。開戦後、すぐに広島駅と宇品港を結ぶ軍用鉄道が完成し、全国から集結した多くの兵士が、宇品港から朝鮮など戦地に送り出された。9月に天皇の統帥機関である大本営が広島に設置されたことにより、一時的に政府機関が集積した。その後、日露戦争、さらに太平洋戦争と続くなかで、広島は陸軍の軍都としての役割を担った。

　一方、海軍は艦船や水兵を編成する「鎮守府」を全国4か所に設置、第1海軍区鎮守府の横須賀に続き、1886年（明治19）、第2海軍区鎮守府を呉に置くことを

# 26. 広島湾

図26-2　2004年頃の広島湾　（20万分の1地勢図「広島」平16修、原寸）

決定し、これを契機に呉は軍港・軍事工業都市の道を歩むことになる。1903年（明治36）には鎮守府造船部が呉海軍工廠となり、鉄鋼の生産から鋳造、造機、砲弾製造まで一貫生産できる日本最大の艦船建造基地を形成した。流入人口は急増し、1920年（大正6）の人口は13万人、広島市の16万人に続き全国9位であった。

広島と呉とは距離にしてわずか20km、広島には陸軍第5師団、呉には第2海軍区鎮守府と海軍工廠が置かれ、広島湾は陸・海の軍事都市を抱えることになった。軍事施設が周辺や島々にも拡大、広島湾の軍事要塞化が進んだ。1888年（明治21）東京から江田島に海軍兵学校が移転し、倉橋島や能美島、信仰の島である厳島にも多くの砲台が設置された。敗戦が濃くなった1945年（昭和20）、全国の主要都市はアメリカ軍機による空襲を受けたが、軍港都市呉も数度にわたる猛烈な爆撃で壊滅した。だが、わずか20kmしか離れていない広島には空襲もほとんどなかった。しかし、8月6日世界で初めて原爆が投下され、1発で軍都広島は焦土となった。75年は草木も生えぬと言われていたが、十数年で復興、広島は人口120万人の地方中枢都市に成長したが、呉は戦後も造船業の呪縛に悩み、島嶼地域では過疎化が進展している。

（平岡昭利）

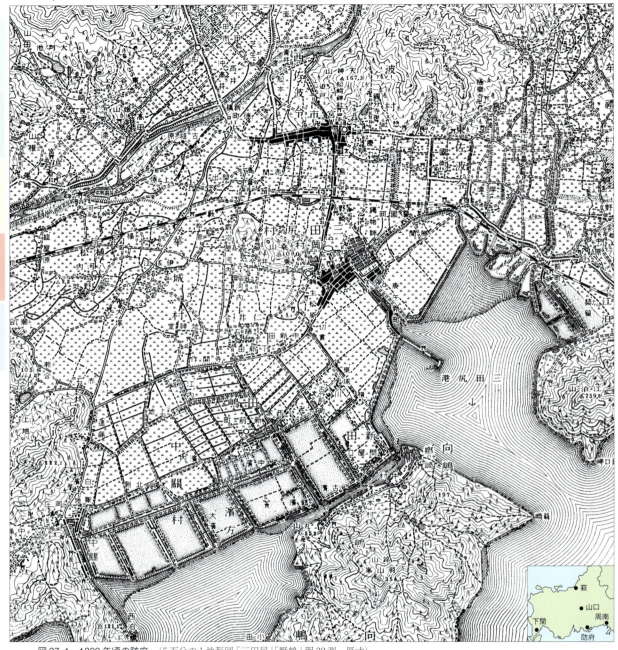

図27-1　1899年頃の防府　（5万分の1地形図「三田尻」「野嶋」明32測、原寸）

## 27. 防府──歴史的都市と塩田の変貌

　防府は「周防の国府」という意味であり、古代には国府が置かれ周防国の中心地であった。図27-1、2の北東には国府の中心の国衙が記載され、山陽鉄道（JR山陽本線）の北には、方8町の正方形ブロックの国府跡が残る。国府は中世になると衰退し、代わって西の防府天満宮（松崎神社）の鳥居前町の宮市が発達し、さらに山陽道に沿って商人町、宿場町といった商業機能が東西に細長く集積した。図27-1には、東から国府の中心部を抜けて宮市を通る山陽道が描かれている。

　関ヶ原戦で西軍に属した毛利氏は、所領を中国8か国112万石から、防長2か国36.9万石に減封され、日本海側の萩に築城したが、毛利水軍の拠点を瀬戸内海側の三田尻とした。このため三田尻は、長州藩の海の玄関となり港町として繁栄する。所領が激減した毛利氏は、積極的な新田開発を進め、開作と呼ぶ瀬戸内海の干拓を奨励した。1628年（寛永5）には、沖合の田島を陸続きとした潮合開作を皮切りに次々と新田開発を実施した。1699年（元禄12）には三田尻大開作を造成したものの、海水の浸透のため耕作地にはならず、開作地の半分近くを入浜式塩田に転用し、塩の生産で高

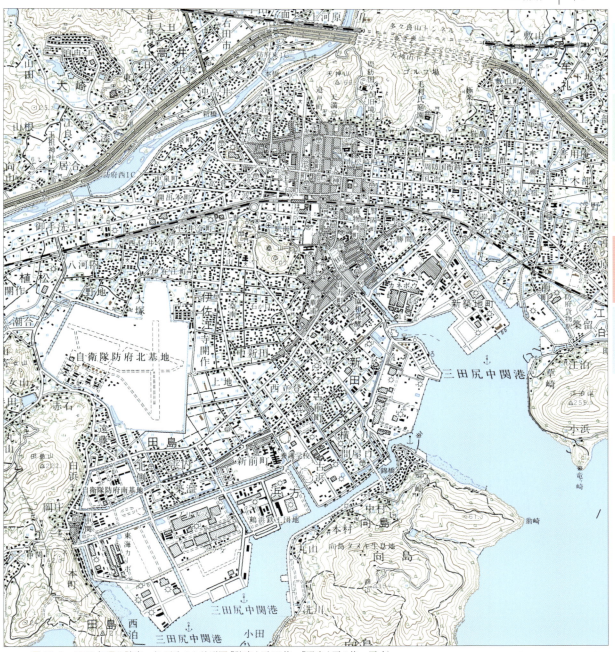

図27-2　2006年頃の防府　（5万分の1地形図「防府」平18修、「野島」平8修、原寸）

収益を得た。この塩田を古浜と称し、以降、西へと続く中浜、鶴浜、大浜などの塩田が造成され、付近の塩田を含めて三田尻浜塩田と呼ばれた。古浜の南には塩問屋が並ぶ街、問屋口が形成され、また、下関と上関の中間の三田尻中関は、良港で塩の積出港となった。三田尻は瀬戸内屈指の塩の生産地であった。

明治に入り、塩の専売制が施行され、1910年（明治43）から大蔵省専売局は、全国の生産性の低い塩田の整理を行った。これを第1次塩業整備と呼ぶが、以降、1971年（昭和46）まで4回の整理事業で、わが国の塩田はすべて廃止された。三田尻浜塩田でも、明治末から大正にかけて、大浜塩田の北の区画や古浜塩田の東の生産性の悪い塩田から廃止された。昭和に入ると大浜塩田の西部が海軍用地となり、その北には陸軍航空隊防府飛行場が建設された。戦後、入浜式塩田は、1955年（昭和30）頃に能率の良い流下式塩田に代わったが、その流下式も第3次塩業整備によって廃止となり、長い塩田の歴史に終止符がうたれ、広大な海岸の空間は荒れ地となった。1970年（昭和45）から、その荒れ地に大手企業の東海カーボン、ブリヂストン、マツダとその関連企業が次々に進出し景観を一変させた。瀬戸内海の「塩田の重工業化」であった。　（平岡昭利）

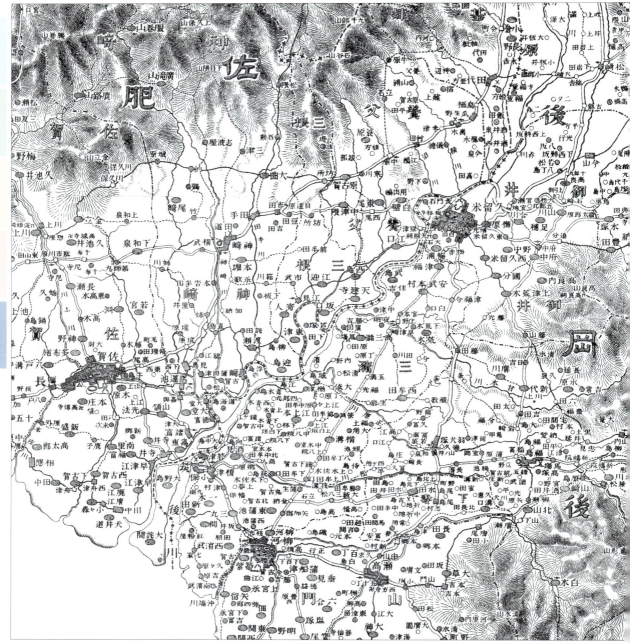

図28-1　1889年頃の筑後川流域　（20万分の1輯製図「小倉」「熊本」明22輯、原寸）

## 28. 筑後川——水害に耐え、流域を支える

**九州一の大河**　筑後川は、阿蘇外輪山に源を発する杖立川が、杖立温泉下流で大山川となって日田盆地に流れ込み、久住山に源を発する最大の支流の玖珠川の水を合わせて三隈川となり、夜明峡谷から平野に出て、久留米狭さく部を経て有明海に注ぐ、全長143km、流域面積2,860km²の九州一の河川である。古くから「筑紫次郎」の異名を持つ荒れ川で、甚大な被害をもたらした洪水は、1889年（明治22）、1921年（大正10）、1953年（昭和28）の「三大洪水」が有名であるが、これに加えて2017年（平成29）7月の「九州北部豪雨」による大規模な水害は記憶に新しい。流域は、その地形的特色により、水源から夜明までの上流山地部、夜明から久留米市付近までの中流域平野、久留米市より有明海までの下流域平野に大きく分けられる。

**流域の利水と治水**　筑後川流域では、古くから水を治め利用する知恵が蓄積されてきた。上流域の山間地域は古くから林業が盛んで、「日田杉」は筏で下流の大川まで運ばれ、この地に家具産地を形成させた。中流域は、筑後川の下刻が進み川床が低いため、古くから農業用水に不足し、大石堰（浮羽町）・山田堰（朝

28. 筑後川

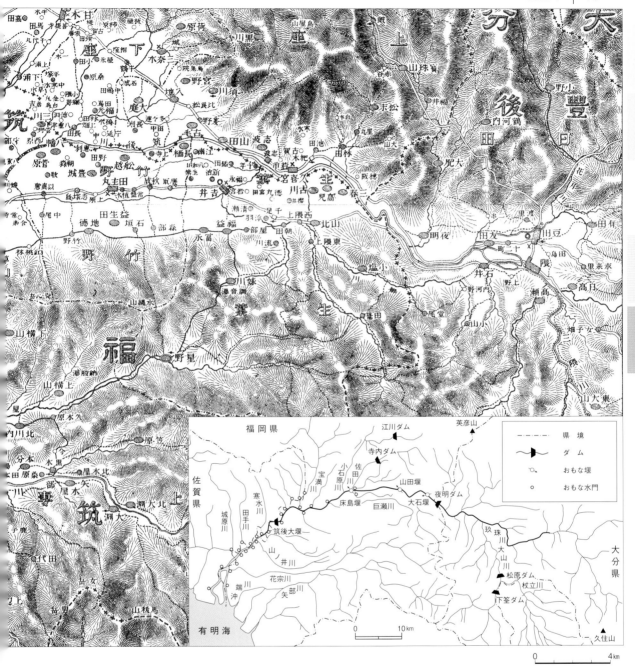

倉市)・床島三堰(朝倉市・田主丸町・大刀洗町)などの長大な用水堰が江戸時代に開削され、現在でも土地改良区によって灌漑されている。朝倉三連水車(朝倉市山田)をはじめ水車による揚水灌漑も盛んであった。支流の佐田川や小石原川の流入する筑後川右岸に発達する扇状地面や左岸の耳納(水縄)断層山地から続く複合扇状地面では、柿をはじめとする果樹園や畑作が盛んである。

下流域の平野は、日本有数の穀倉地帯であるが、有明海の干潮時の下刻作用により川床が著しく低いうえに、潮差の影響で水位が不安定なため、筑後川本流か

らの自然流水を水田に引くことに苦しめられてきた。筑後・佐賀平野に特有な「クリーク(堀・溝渠)」網の景観は、少ない用水を貯留して反復利用する灌漑が発達した。クリークは、原則として揚水しなければ田面への灌漑は不可能で、大正時代に電気による揚水機が普及するまでは足踏み水車などで灌漑された。

また、有明海北岸域では、「籠(篭)・搦・開」などの呼称を有する海面干拓が、戦国時代から第2次世界大戦後まで営々と繰り返され、灌漑農地が拡大してきた。そのため、満潮時に本流を遡上する海水の塩水楔によって押し上げられた淡水(「アオ」)を樋門の調節で引

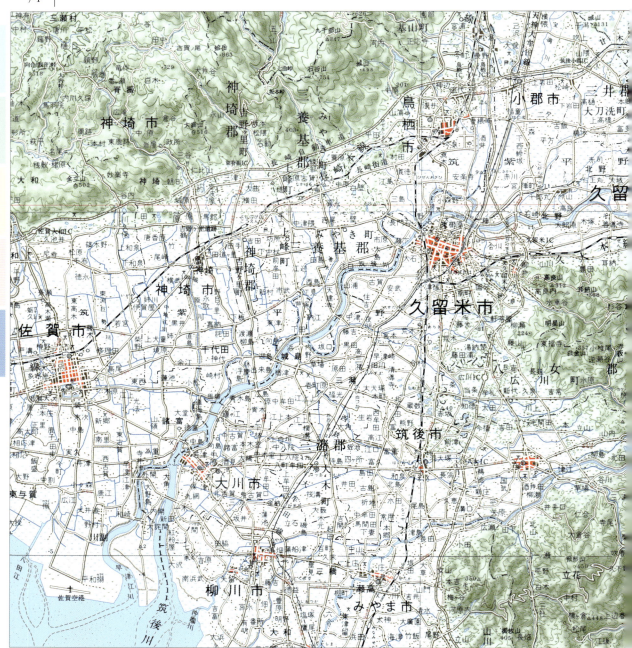

図28-2　2010年頃の筑後川流域　（20万分の1地勢図「福岡」「熊本」平22要修、原寸）

水し、クリークに貯水する潮汐逆水灌漑（「アオ灌漑」）が、古くから行われてきた。このクリーク灌漑は、泥土の汲み揚げなどの共同体的管理によって維持されてきたが、兼業化や都市化の進行、圃場整備事業による統廃合や三面コンクリート化の工事等により、その景観は大きく変化した。慣行水利権としてのアオ灌漑も1985年（昭和60）に建設された筑後大堰からの許可水利権に代わり、我が国最大級の「国営筑後川下流土地改良事業」によって消滅した。

　大規模な洪水を繰り返してきた筑後川の治水事業として、1954年（昭和29）の夜明ダム、1971年（昭和46）の下筌ダム・松原ダム、1975年（昭和50）の江川ダム、1979年（昭和54）の寺内ダムなどが建設された。これらは治水・発電・農業用の多目的ダムであるが、一部は慢性的な水不足地域である福岡都市圏に供給されている。上流域の下筌・松原ダムの建設時は、「蜂の巣城闘争」とも呼ばれた激しい反対運動が繰り広げられたが、筑後川の水資源開発は北部九州地域に多大なる貢献をもたらした。下流域での治水は、有明海の干満差が最大で5m以上に達し、筑後大堰の建設前には久留米市瀬ノ下付近まで海水が遡上した。蛇行を重ねながら屈曲して流れる河道は、洪水時に流水の通過能力

28. 筑後川

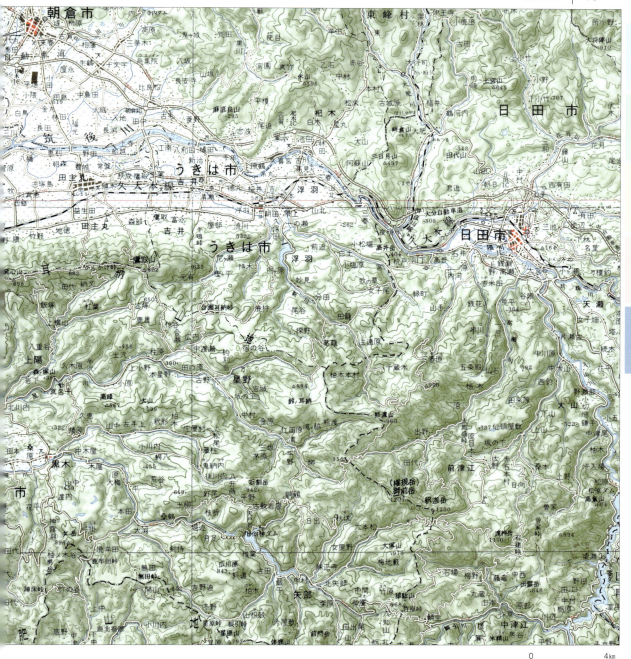

を増大させるための捷水路(放水路)の建設により各所でショートカットされた。このような大規模な河川改修は、明治20年代から1923年(大正12)にかけて実施され、その痕跡は屈曲した県境として残されている。

**藩境と県境を分ける川と繋ぐ渡し・架橋・都市** 下流部では、かつては水運が盛んで、多くの津(河港)や渡津集落を起源とする町が発達した。主な渡しは、上流から豆津、江口、黒田、下田、六五郎、浮島、鐘ヶ江などがあり、これらは昭和初期から昭和50年代に廃止され架橋された。水運によって栄えた町には、久留米藩の在郷町として江戸中期に醸造業で栄えた城島、久留米藩の若津港として栄えた大川、佐賀藩の上納米の積出港として栄えた諸富などがある。また、最下流で分流する早津江川右岸の三重津は、佐賀藩の洋式船舶の造船・修理用のドックが設置され、2014年には「明治日本の産業革命遺産」の一つに登録された。

北部九州を貫流する筑後川は、度重なる水害と戦いながら流域の産業と文化を育んできた。現在では、福岡県大牟田市から佐賀県鹿島市を結ぶ有明海沿岸道路の建設が始まり、下流域の農業と有明海の海苔養殖業に加えて、県境を越えた産業振興が進められている。

(五十嵐 勉)

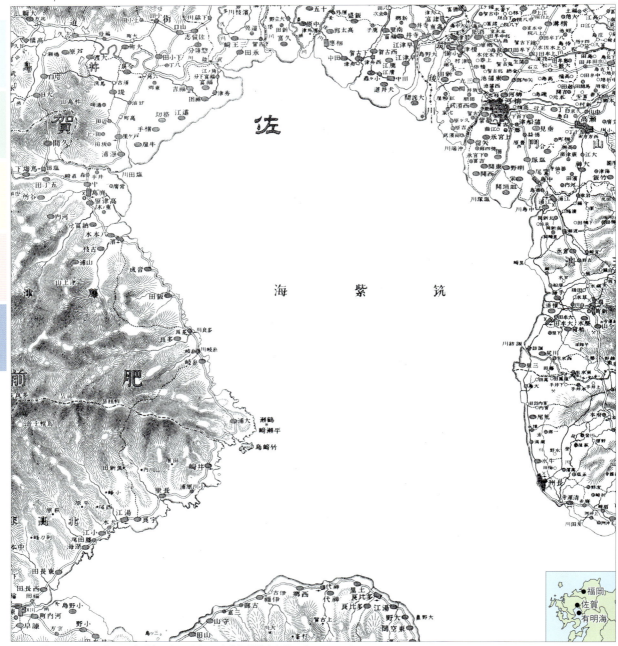

図29-1　1889年頃の有明海　（20万分の1輯製図「熊本」明22輯、×0.75）

## 29. 有明海 —— 日本最大の干潟と干拓

　有明海は、長崎県・佐賀県・福岡県・熊本県に囲まれた約1,700 km$^2$の内湾で、沿岸からは水深10 m以下の浅海域が続く。潮汐差は最大6 mにもなり、干潮時には広大な干潟が出現する。この干潟は、佐賀・福岡県境の筑後川をはじめ、長崎県の本明川や佐賀県の塩田川・六角川・嘉瀬川、福岡県の矢部川、熊本県の菊池川・白川などいくつもの河川が運んできた土砂や火山灰質泥土が堆積して形成された。有明海沿岸の人々は、この干潟を中世の頃より繰り返し干拓し、土地を広げてきた。特に近世以降、新田開発として干拓が盛んになった。佐賀藩の場合、商人資本の参入を原則禁止したため、小規模な村受干拓が中心となり、逆に柳川藩などは商人請負による開発が行われた。熊本藩では藩営や有力家臣による比較的規模の大きな干拓が主となるなど、有明海沿岸では干拓の開発主体と規模に地域的差異がみられる。明治期に入ると、個人資本や耕地整理組合、自治体なども干拓事業に参入するようになった。こうした有明海沿岸における生業は、干拓地でのクリーク（溝渠）を利用した米麦二毛作と地先の干潟、浅海域でのムツゴロウやワラスボ・アゲマキ・

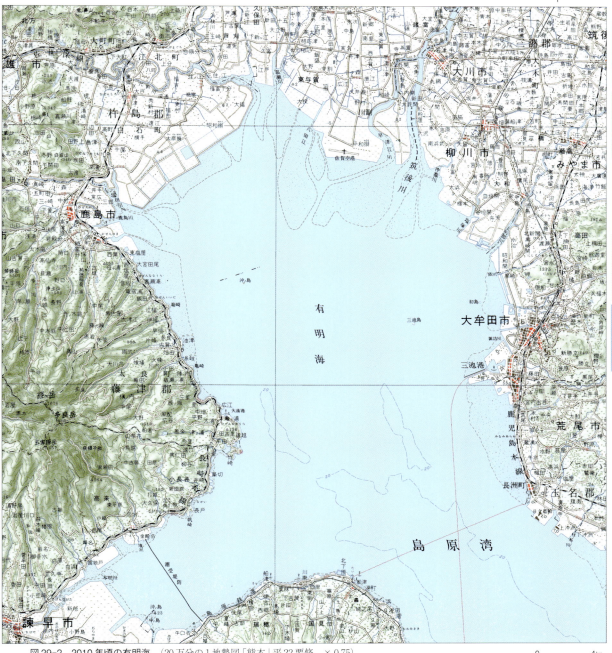

図29-2 2010年頃の有明海　（20万分の1地勢図「熊本」平22要修、×0.75）

アサリなどの魚介類の採捕を基本とする半農半漁であったが、綿などの商品作物も盛んに栽培された。また、有明海沿岸には、佐賀県の搦・籠、福岡県と熊本県の開・新開、長崎県の籠・開といった干拓地に関する独特の地名が分布する。

第二次世界大戦後は、「緊急開拓事業実施要領」（1945年）や同要領を改訂した「開拓事業実施要領」（1947年）によって、国策のもとに干拓事業が進められた。その結果、「有明」や「福富」（佐賀県）・「三池」（福岡県）、「諫早」（長崎県）、「横島」（熊本県）などの300 haを超える国営干拓地を中心に、多くの大規模干拓地が造成され、有明海沿岸に広大な農村空間が形成された。漁業では、ノリ養殖業への著しい特化がみられ、干潟・浅海域での伝統的な漁撈活動は姿を消しつつある。ただし、近年では、ノリの不作や貝類の激減など有明海の環境異変が発生している。この問題に関連して、諫早干拓の潮受堤防の開門をめぐって漁家と農家、国の裁判が続いている。その一方で、干潟を含めた有明海の自然環境を保全する動きもみられ、現在、佐賀県の「東よか干潟」・「肥前鹿島干潟」と熊本県の「荒尾干潟」がラムサール条約に登録されている。

（藤永 豪）

図30-1　1924年頃の箕島　（5万分の1地形図「大村」大13修、原寸）

## 30. 長崎空港——その土台となった島

　長崎空港は、県の中央部の大村湾に浮かぶ日本初の海上空港で、1975年（昭和50）に開港した。この空港は、その土台として大村湾内の島を利用して建設された（図30-1）。現在、島らしい残景を感じられるのは、空港の南西の海岸線くらいであるが、建設以前は、ひょうたん形をした細長い箕島とガロー島、ソーケー島、アカ島という小さな3つの島があった。

　空港の前身は、横須賀、霞ヶ浦に続く3番目の海軍航空隊として、1923年（大正12）に開設された大村飛行場である。扇状地の海岸沿いに建設された。戦後は自衛隊が管理をしていたが、1955年（昭和30）に自衛隊と共用の民間空港「大村空港」として発足した。だが、滑走路が1,200mと短く、ジェット化には対応できず、長崎県は、長年、新空港用地を探していたが、市街地の西、大村湾の小さな島、箕島が有力となった。

　その箕島は、近世より農業の島として知られ、市場では特産の「箕島大根」の評価は高く、漬物に加工し、戦前には佐世保の海軍鎮守府にも納入した。戦後は大根や漬物の需要が減少したものの、大根の生産は続けられ、このほかミカンやスイカの栽培も盛んであった。

# 30. 長崎空港

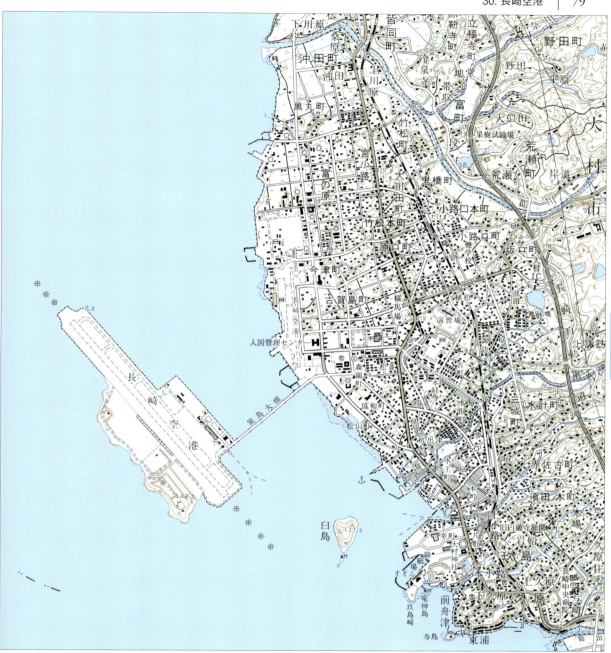

図30-2　2001年頃の長崎空港　(5万分の1地形図「大村」平13修、原寸)

島には水田がなく、畑が約37町あり、このうち島民の所有は16町で、残りの21町は大村側の村々の所有で、3kmの海を渡る「遠耕」が行われていた。人家の多くは、北の東海岸に集まり、1958年(昭和33)には17世帯、130人が暮らしていた。

1970年、長崎県は本格的な用地交渉を開始し、翌1971年に島民と合意し、空港の造成工事が着手された。2.5kmという細長い島の南の山(97m)と北の山(42m)を切り崩し、その土で島の東側の浅い海と3つの小島を埋め立て、空港建設しようとするもので、騒音が極めて少ない立地選択であった。翌1972年には、箕島島民の解散式が行われ、70年近い歴史の大村市立大村小学校箕島分校も閉校し、残っていた13世帯、66人が大村側へ移住した。箕島(空港)と大村市街地が「箕島大橋」によって結ばれ、1975年、長崎空港が開港した。翌年の1976年の長崎空港の旅客数は、92万人と大村空港として最後となる1974年の2倍に増加した。現在は3,000mの滑走路をもつ空港として年間300万人の旅客数があり、国内9路線のほか、国際線は上海、ソウルを結んでいる。海上空港でありながら、安定した気象条件で就航率は100％に近く、島を土台として誕生した空港は「現代の出島」となった。　(平岡昭利)

## 31. 桜島──噴火で陸続きに

桜島は北岳(御岳)・中岳・南岳からなる成層火山で、周囲は湯之平・引ノ平・権現山等の溶岩ドームや鍋山のホマーテ等の寄生火山からなる。桜島の北の鹿児島(錦江)湾は、約2万9,000年前の巨大噴火で国内最大級の姶良カルデラ(南北23km、東西24km)が形成されてできたものである。その南部で約2万6,000年前に活動を始めたのが桜島である。最初に誕生したのが北岳で、約5,000年前に活動を休止し、その南側で現在も活動している南岳が活動を始めた。北岳火山に南岳火山がかぶさるように連なる複合火山である。

桜島の名の由来は、『続日本紀』に「麑島」が見え、桜島の古名は鹿児島であるとの説があり、薩摩の語源としての幸島も桜島をさすともされるが、古くから「向島」と呼ばれたものが後に桜島と改称された。

有史以来の火山活動の中でも、特に、天平宝字の噴火(764年)や文明の噴火(1471年)は、溶岩を東部の浦之前・大燃崎と南西部の燃崎付近に流出した。次の安永噴火(1779年)の溶岩は、桜島の北東部の西迫鼻、南部の辰崎付近に流出した。さらに北東部の溶岩の海中突入による海底隆起の陸化で、北東部沖に猪ノ子島・硫黄島・新島(燃島・安永島)等6つ(7つの説も)の島が誕生し津波も発生した。

大隅半島の対岸の桜島の瀬戸には薩摩藩の造船所があり、1854年(安政1)日本で最初に大砲を備え、日の丸の旗印を用いた洋式帆船の昇平丸が造られた所でもある。また、1862年(文久2)の薩英戦争時には袴腰に4、烏島に3、赤水に6、沖小島に15の計28門の砲台が、沖小島と燃崎間には水雷も設置された軍事拠点でもあった。

そして1914年(大正3)1月12日、3日前から地震や井戸水が涸れる等の変化の前兆現象が見られ、鹿児島測候所の爆発否定の回答に対して、島民が避難を始める中で大正噴火の大爆発が始まった。桜島の西の引ノ平付近と東の鍋山付近の両噴火口から火炎と噴石が噴出し、噴煙は7～8,000mに達し、火山灰は東北地方南部にまで及んだ。噴出物総量は約32億トン(東京ドーム1,600個分)ともされ、膨大な溶岩は東西両方向に流出した。桜島の西側では横山や赤水の集落と、その沖の烏島を飲み込んだ。一方東側では有村や瀬戸の集落と瀬戸海峡(幅360m、深さ80m)を埋め尽くし、大隅半島と陸続きになった。溶岩の覆った面積(陸上・海上・海中あわせて)は23.7km²に達し当時の桜島の面積の1/3近くになった。3,116戸2.1万人いた島民の内、焼失家屋は62%にもなり、2,000戸以上が県内外各地に移住し人口も9,000人を切った。東桜島小学校内にある櫻島爆発記念碑には、この際の教訓として

図31-1　1902年頃の桜島　(5万分の1地形図「鹿児島」)

# 31. 桜島

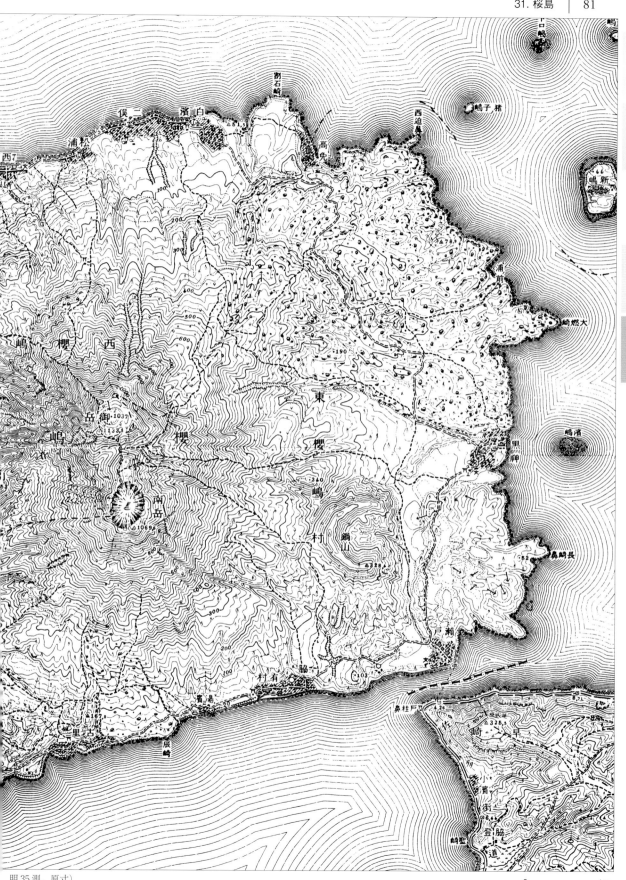

（明35測、原寸）

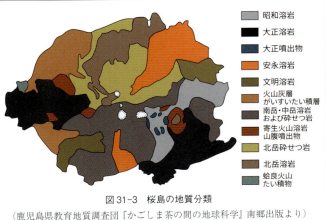

図31-3 桜島の地質分類
（鹿児島県教育地質調査団『かごしま茶の間の地球科学』南郷出版より）

「住民ハ理論ニ信頼セズ、異変ヲ認知スル時ハ、未然ニ避難ノ用意、尤モ肝要トシ……」と記し、住民は科学的見解を信頼せず、自らの異変の認知と日頃からの備えが大切と伝えている。

さらに、昭和噴火による溶岩は、1946年（昭和21）南西部の鍋山の西方から東の黒神方面と南の有村方面へと流れ、海に達した。黒神沖の濱島は埋没し、黒神町の西側の等高線が緩やかな砂礫地は地獄河原と呼ばれ、昭和噴火以前の扇状地上を昭和溶岩が埋め、さらにそれをその後の土石流がおおった扇状地である。

野尻川・持木川・鍋山川などの桜島を流れる河川は、通常地表水のない涸れ川で、一度雨が降ると土石流が発生するので各地で砂防工事が進められた。大量の土砂は対岸の大型観光船寄港地マリンポート鹿児島の埋め立てなどに使用された。

また、1997年には大隅半島と桜島を結ぶ早崎に崖崩れなどの防災目的で早崎大橋、さらに2008年、牛根大橋が開通して交通条件も大いに改善された。以前より議論されている鹿児島との架橋・トンネル建設も現状の実現性は薄く、2018年新設されたフェリーターミナルは当分活用される予定である。2018年の世帯数1,962戸、人口4,087人で、現在、小みかんやびわ、桜島大根などの農産物やかんぱちなどの養殖、そして鹿児島のシンボルとしての観光業が主な産業である。山麓は各時代毎の溶岩が流れ、一度全滅した植生が裸地から、極相林へ再生する植生遷移を観察する絶好の場所である。

広い溶岩原はグラウンド、長距離走コースの他、土石流土砂活用でできた赤水展望広場などがあり、この広場には2004年8月、地元出身のシンガーソングライターの長渕剛が国内最大級の7万5,000人を動員したオールナイトコンサートを記念する桜島溶岩のモニュメント「叫びの肖像」がある。また、「NPO法人桜島ミュージアム」が自然、歴史、文化、生活から桜島の魅力を発信する体験型イベント・ツアーなどを実施している。

（矢野正浩）

図31-2　2005年頃の桜島　（5万分の1地形図「鹿児島」平17修、原

副図は2008年（平成20）に島の南東部に開通した牛根大橋

図32-1　1902年頃の笠野原台地　（5万分の1地形図「鹿屋」明35測、原寸）

## 32. 笠野原台地 —— シラス台地の開拓

　大隅半島中央の笠野原台地は、東西約10km、南北約12kmで、総面積約6,000haに及ぶが、シラスが30mから100mほど堆積しているため保水力が弱く、台地であることからも、古来、水確保が大きな課題であった。

　台地開拓は江戸時代1704年に始まる。その後、飢饉などを契機として開拓・強制移住が進められ、幕末期までには全体の約3分の1程度が開拓された。この時の集落は「堀」と称され、図32-1に散見される。戦前の開拓では50mを超える井戸もみられたが、それでも水の確保は充分ではなく、馬による台地の下への水くみも珍しくはなかった。そのため、各戸の耕地は広かったものの、やせた土壌や農産物運搬の困難性なども加わって、サツマイモや陸稲、粟などの粗放的な農業にとどまっていて、生産性は低かった。

　1924年（大正13）に耕地整理組合を設立、1927年に上水道が完成したが、1929年に養蚕・製糸を担う昭和産業が進出し、台地の約4分の1の1,200ha（最終的には1,700ha）を購入して桑畑とした。これにより耕地整理事業は遅れ、1935年に竣工して台地に碁盤の目状の道路網を出現させたものの、小作人の移住は当初計

## 32. 笠野原台地

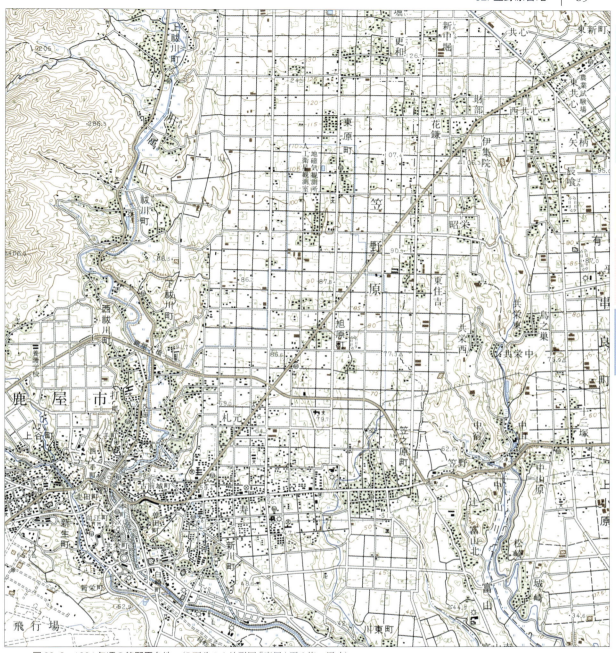

図32-2 1994年頃の笠野原台地 （5万分の1地形図「鹿屋」平6修、原寸）

画していた規模の4分の1程度の146戸にとどまった。その後、昭和産業は化学繊維の浸透や世界的な経済状況の悪化、戦争勃発などから事業を漸次縮小し、戦後は農地改革の影響もあって、1951年に会社を閉鎖した。なお、図32-2の左下にある鹿屋原台地（笠之原台地の西隣）にある現在の航空自衛隊飛行場は、1936年に着工されたかつての海軍特攻隊基地である。

農業用水確保の困難性は戦後も変わらなかったため、1955年に国営笠野原畑地灌漑事業が閣議決定された。これは高隈ダム建設とそれに伴う灌漑を通じて農地を整備し、施工面積の約3割を水田とする計画であっ

た。とは言え、ダムによる水没問題や耕地面積が広い農家にとっては開発負担金が大きいことなどもあり、地域の中で住民等の対立が大きくなった。最終的には1962年にダム補償問題が妥結し、灌漑もパイプ配管によって反対派の用地を迂回整備し、1967年に高隈ダム竣工、1969年に事業が完了した。ところが、その翌年から減反が始まり、農産物輸入自由化による牛肉や柑橘類等の産地間競争も激化した。そのため笠野原台地でも農家の兼業化が進んだが、1973年設立の笠野原営農指導センターが中心となって、その後の生産の集団化や規模拡大、酪農近代化等を進めた。　　（千葉昭彦）

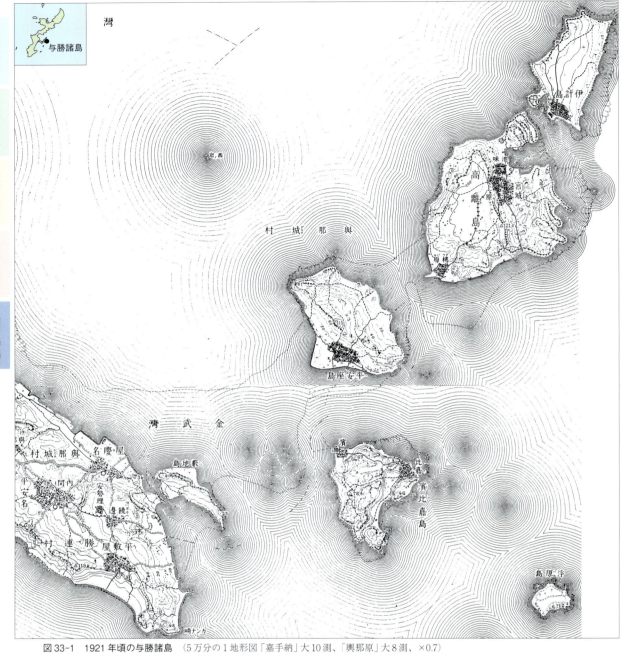

図33-1　1921年頃の与勝諸島　（5万分の1地形図「嘉手納」大10測、「輿那原」大8測、×0.7）

## 33. 与勝諸島——橋で結ばれた4つの有人島

　沖縄本島中部の東海岸から太平洋に突出した与勝半島の周辺には、大小の島々があり与勝諸島と称される。そのうち、図33-1の範囲には平安座島、宮城島（高離島とも表記）、伊計島、浜比嘉島といった有人島がみられる。いずれの島々も石灰岩で覆われた台地状の地形をしており、沖積平野あるいは段丘斜面上に立地している集落は、古くから半農半漁村であった。

　大正期から昭和10年代にかけて、沖縄本島中北部の各集落と南部の与那原とを結んだ山原船による物資の移送が盛んになる。その航路上に位置する平安座島は、山原船の寄港地として大いに栄えた。また、周辺の島々も平安座島や沖縄本島各地と交易を行っており、独自の海運ネットワークを構築していた。

　戦後になると、沖縄本島内の道路整備により、物流は海上輸送から陸上輸送に転換する。そのため、与勝諸島は交通のメインルートから外れ、もとの半農半漁の寒村となる。そして、就業や教育の機会を求めて多くの人々が島を離れていくようになり、島は著しく過疎化が進行した。さらに、医療や流通など離島特有の問題が人々に強く意識されるようになってきた。

33. 与勝諸島

図33-2　2008年頃の与勝諸島　（5万分の1地形図「金武」「沖縄市南部」平20修、×0.7）

　このような状況を打開するために、島の人々は架橋による沖縄本島との一体化を目指すようになる。図33-2からそれを確認してみる。まず、1971年にガルフ石油が平安座島での巨大石油備蓄基地の建設と引き換えに、平安座島・屋慶名間に4.8kmの海中道路を建設して地元に無償譲渡した。さらに1974年には平安座島と宮城島の間が埋め立てられ、石油タンクが立ち並ぶようになった。1982年には伊計大橋が、1997年には浜比嘉大橋が完成し、沖縄本島から地図中の有人島までは、すべて道路により結合されるに至った。

　架橋により、島々は交通の制約から解放され、医療や流通の問題も一部を除き解消した。また、海中道路を経由して沖縄本島の人々が与勝諸島を気軽に訪れることができ、交流人口は増加した。しかしその一方で、海中道路や埋め立てにより金武湾は閉鎖湾に近い状況となり、海流の変化や土砂堆積などの環境問題が起こった。また、架橋しても島は半島化したに過ぎず、架橋後に一時的な人口流入や観光化がみられても、それが継続しない場合が多い。島内では車を所有する者と所有しない者の格差や、港を結節点とした島のコミュニティーの弱体化などが指摘されており、架橋が地域に与えるインパクトは大きい。

（宮内久光）

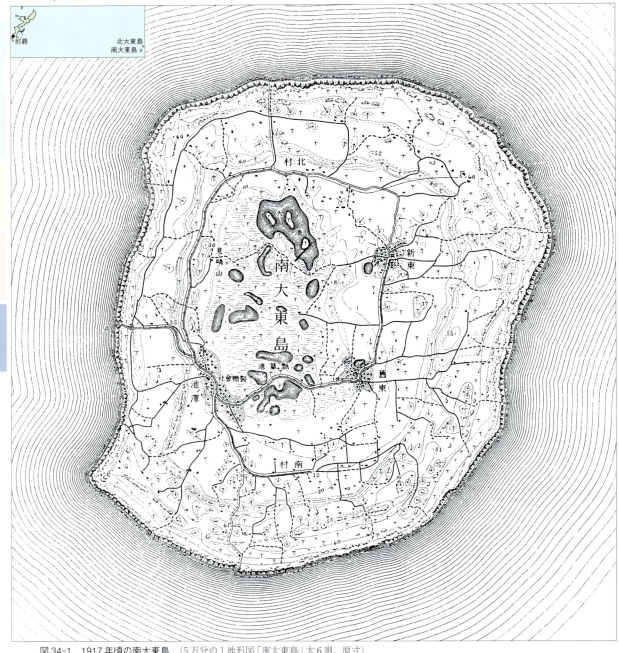

図34-1　1917年頃の南大東島　（5万分の1地形図「南大東島」大6測、原寸）

## 34. 南大東島 ── 無人島の開拓史

　大東諸島は、南大東島（30.6 km$^2$）、北大東島（11.9 km$^2$）、沖大東島（1.2 km$^2$）の散在する3つの隆起環礁からなる。いずれの島も中央部が低く、南北大東島では池や沼が発達しているのに対し、島の周囲は高い断崖によって囲まれ、この地形的制約もあって長く無人島であった。1885年（明治18）、明治政府の命を受け沖縄県が南北大東島を調査し、国標を建て、わが国の版図に編入した。開拓計画が作成され、最初に志願したのは、後に尖閣諸島を開拓した古賀辰四郎であったが、高い断崖に阻まれ南大東島に上陸できないまま開拓を断念した。その後も開拓の失敗が続くなかで、鳥島でアホウドリ捕獲事業を行っていた八丈島の玉置半右衛門が、1900年（明治33）に南大東島に開拓団を派遣し開拓に着手させた。1905年にはサトウキビなどを含めた作物栽培面積は223町歩となり、さらに1915年にはサトウキビ作付面積は950町歩、開墾総面積1,585町歩に達した。図34-1の地形図は開拓終了時期を示し、伐採など共同作業の必要から開拓時代は集村であった集落形態が、北村や南村では労働効率化を図った散村形態となっているのが興味深い。島の

図34-2　2002年頃の南大東島　（5万分の1地形図「南北大東島」平14修、原寸）

東側の旧東や新東集落は、依然、集村形態を示しているが、その後、散村へと展開する。

1900年に八丈島から23人が上陸して以降、人口は急増し、1920年（大正9）には南大東島で4,000人を突破した。開拓当初は八丈島出身者ばかりだったが、沖縄からの出稼ぎ労働者が増加し、島の社会階層は会社（社員）―親方（八丈島出身者）―仲間（沖縄からの労働者）の3つに区分された。1916年、それまで開拓を進めてきた玉置商会は、突如、鈴木商店斡旋によって東洋製糖に合併された。玉置商会は南北大東島を島ごと東洋製糖に売却したのである。上陸以降、苦難の開拓を進めてきた農民は、合併反対を表明したものの会社の小作人と規定されたのである。当時、南北大東島は村制が施行されておらず、単一企業（製糖会社）が経営するサトウキビのプランテーションの島であった。

戦後になって村政が施行され、南大東村、北大東村が誕生し、地元資本の製糖会社も設立され、砂糖生産が再開した。その後も、土地所有権をめぐる戦前の製糖会社と農民との紛争は長く続いたが、1964年になって解決し、やっと自作農になった。現在も南北大東島とも砂糖生産が盛んであり、人口は南大東村1,329人、北大東村は629人となっている。

（平岡昭利）

## 20万分の1輯製図 地図記号（明治期）

### 諸地及諸水に属する記号

| 記号 | 名称 | 記号 | 名称 | 記号 | 名称 |
|---|---|---|---|---|---|
|  | 峽嶋 |  | 湖池 |  | 田 |
|  | 暗礁 |  | 沼澤 |  | 畑 |
|  | 燈臺 |  | 濕地 |  | 樹木 |
|  | 燈船 |  | 固定橋 |  | 牧塲 |
|  | 標船 |  | 舟橋 |  | 草地 |
|  | 浮標 |  | 飛橋 |  | 荒地 |
|  | 防波堤及水位界 |  | 徒渉所 |  | 榛挿 |
|  | 大港 |  | 渡船所 |  | 山地及岩石崩土 |
|  | 小港 |  | 繰綱渡船 |  | 大河 |
|  | 流水方向 |  | 瀑布水簾 |  | 小川 岸上行樹 |
|  | 急流 |  | 沙卓沙濱及沙洲 |  | 濶川 |
|  | 潮入川 |  | 河口泥地及崩土斷崖 |  | 溝渠 |
|  |  |  | 岩嶮岸及礫塲 |  | 堤坡 |

## 20万分の1輯製図 地図記号 (明治期)

### 道路及之二属ルス物體

| | |
|---|---|
| ―――― | 國道 |
| ―――― | 縣道 |
| ―――― | 里道 |
| ・・・・・・ | 村道 |
| (記号) | 敷石凸凹道及行樹 |
| (記号) | 堤路及阪路 |

### 鐵道及之二属ルス物體

| | |
|---|---|
| (記号) | 線路及停車塲 |
| (記号) | 凹凸隧道及谷上道 |
| (記号) | 上水平方及下方二於ル交叉道 |

### 境界

| | |
|---|---|
| ―+―+― | 師管 |
| ―――― | 府縣 |
| ―――― | 國 |
| ―――― | 郡 |
| ・・・・・・ | 間地 |

### 村落

新田
| | |
|---|---|
| (記号) | 五百以下 ┐ |
| (記号) | 五百以上 │ |
| (記号) | 一千以上 ├ 人口 |
| (記号) | 五千以上 │ |
| (記号) | 不明 ┘ |

### 宿驛市街

| | |
|---|---|
| (記号) | 五百以下 ┐ |
| (記号) | 五百以上 │ |
| (記号) | 一千以上 ├ 人口 |
| (記号) | 五千以上 │ |
| (記号) | 一萬以上 ┘ |

### 城郭

| | |
|---|---|
| (記号) | 新式 |
| (記号) | 古式 |

### 諸物體及諸記號

| | | | |
|---|---|---|---|
| •32 | 獨立標高點 | ・ | 獨立家屋 |
| ⊕ | 經緯度測點 | π | 神祠 |
| ⊙32.27 | 水準標 | 卍 | 佛宇 |
| •12 | 里標標界 | ┼ | 西教堂 |
| ┥ | 信號標 | | 陸軍家屋 |
| ◇ | 常燈 | ≋ | 海軍家屋 |
| × | 鑛山鑛地 | ⊢ | 郵便局 |
| ✶ | 火山 | | 病院 |
| ⌒ | 裁石塲 | | 電信局 |
| ○ | 坑 | | 製造所 |
| ⋈ | 鹽塲 | | 米倉 |
| ☆ | 師團司令部 | | 造船所 |
| ◇ | 旅團全 | | 山陵 |
| △ | 大隊區全 | | 古蹟 |
| | 砲臺 | × | 古戰塲 |
| ⊙ | 鎭守府 | | 城墟 |
| ✗ | 憲兵屯所 | | 塔 |
| × | 警察署 | | 碑 |
| | 裁判所 | | 墓地 |
| ⊙ | 府縣廳 | | 温泉 |
| ○ | 郡區役所 | △ | 三角點 |

## 20万分の1地勢図 地図記号 (現行)

# 地図記号

## 5万分の1地形図 地図記号（明治33年式）

## 5万分の1地形図 地図記号（平成元年式）

### JAPANESE LAND THEN AND NOW
Survey Map Comparisons, Japan

## 読みたくなる「地図」国土編
### 日本の国土は どう変わったか

| | |
|---|---|
| 発 行 日 | 2019 年 3 月 18 日　初版第 1 刷 |
| 定　　価 | カバーに表示してあります |
| 編　　者 | 平 岡 昭 利 |
| 発 行 者 | 宮 内 　 久 |

海青社
Kaiseisha Press

〒520-0112　大津市日吉台2丁目16-4
Tel. (077) 577-2677　Fax (077) 577-2688
http://www.kaiseisha-press.ne.jp
郵便振替　01090-1-17991

● Copyright Ⓒ 2019　● ISBN978-4-86099-346-7　C3025　● Printed in JAPAN
● 乱丁落丁はお取り替えいたします

---

本書に掲載の地図は、国土地理院長の承認を得て、同院発行の100万分1日本、20万分1地勢図、20万分1輯製図、5万分1地形図及び2万5千分1地形図を複製したものである。　　　　　　　　（承認番号　平30情複、第976号）

---

本書のコピー、スキャン、デジタル化等の無断複製は著作権法上での例外を除き禁じられています。本書を代行業者等の第三者に依頼してスキャンやデジタル化することはたとえ個人や家庭内の利用でも著作権法違反です。

■ **過去と現在の断面から都市の変貌を読み解く** ■

明治時代と現代の地形図を見開きに配置し、日本各地の都市の変貌を視覚的にとらえる。その地域にかかわりをもつ研究者による歴史的な変貌の解説。「**地図のおもしろさ**」を発見、「**考える地理**」の基本的な書物として好適。

## 読みたくなる「地図」東日本編
### 日本の都市は どう変わったか
平岡昭利（下関市立大学名誉教授）編

● B5判、133頁、定価［本体1,600+税］円、ISBN978-4-86099-313-9
表紙：ランドサット画像と明治の地形図の重ね合わせ。対象地域は浦安

| | |
|---|---|
| **北海道** | 札幌／函館／室蘭／苫小牧／稚内／帯広／釧路 |
| **東北** | 仙台／石巻／盛岡／青森／八戸／秋田／山形／福島／郡山／いわき |
| **関東** | 東京／八王子／多摩ニュータウン／横浜／川崎／相模原／横須賀／千葉／浦安／さいたま／川口／水戸／つくば／日立／鹿嶋・神栖／宇都宮／前橋／高崎 |
| **中部** | 名古屋／一宮／豊田／豊橋／岐阜／静岡／浜松／甲府／長野／岡谷 |
| **北陸** | 新潟／富山／金沢／福井 |

## 読みたくなる「地図」西日本編
### 日本の都市は どう変わったか
平岡昭利（下関市立大学名誉教授）編

● B5判、127頁、定価［本体1,600+税］円、ISBN978-4-86099-314-6
表紙：ランドサット画像と明治の地形図の重ね合わせ。対象地域は広島

| | |
|---|---|
| **近畿** | 大阪／堺／八尾／東大阪・大東／千里ニュータウン／枚方／神戸／西宮／姫路／京都／大津／奈良／天理／和歌山／津／四日市 |
| **中国** | 広島／福山／呉／尾道／岡山／倉敷／山口／下関／鳥取／松江 |
| **四国** | 高松／徳島／鳴門／松山／高知 |
| **九州** | 福岡／北九州／久留米／佐賀／長崎／佐世保／大分／熊本／宮崎／鹿児島／那覇／沖縄 |

■ **好評発売中** ■

## 地図でみる京都 知られざる町の姿
岩田 貢・山脇正資 著

● B5変形判、78頁、定価［本体1,600+税］円、ISBN978-4-86099-344-3

歩いたり自転車で見て廻るには好都合な2万5千分の1地形図を用い、府下36地域を対象に、地形図の記号をたどり、なぜそこに集落が発達し、工場が出来、耕地が広がるかなど、地域の特徴や成り立ちを解明する。

京丹後市峰山町／京丹後市網野町／京丹後市久美浜町／伊根町／宮津市／与謝野町岩滝／与謝野町加悦／舞鶴市（東地区）／舞鶴市（西地区）／福知山市（中心部）／福知山市（長田野周辺）／舞鶴市志高・福知山市大江町／福知山市夜久野町／綾部市／京丹波町須知／京丹波町和知・南丹市日吉町胡麻／南丹市園部町／亀岡市／京都市北区・上京区／京都市上京区・左京区・中京区／京都市東山区・下京区・南区／京都市山科区／京都市右京区／京都市西京区・向日市・長岡京市／京都市伏見区／京都市伏見区・大山崎町・久御山町／宇治市／城陽市・久御山町／八幡市／京田辺市・井手町／宇治田原町／木津川市木津町・山城町／木津川市加茂町／精華町／笠置町・和束町／南山城村

価格は税別。送料200円（1回につき）